Ce livre comprend plus de 130 designs féministes afin de vous inspirer pour votre futur tatouage.

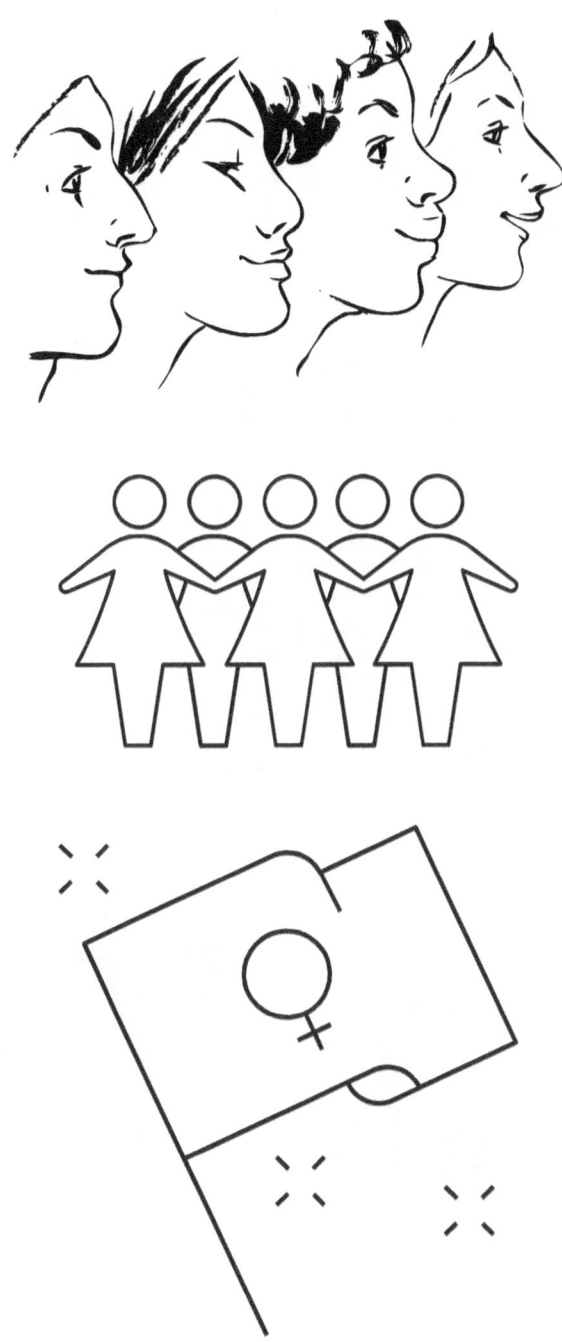

EQUALITY

Empowered Women Empower Women

uNite for WOMEN

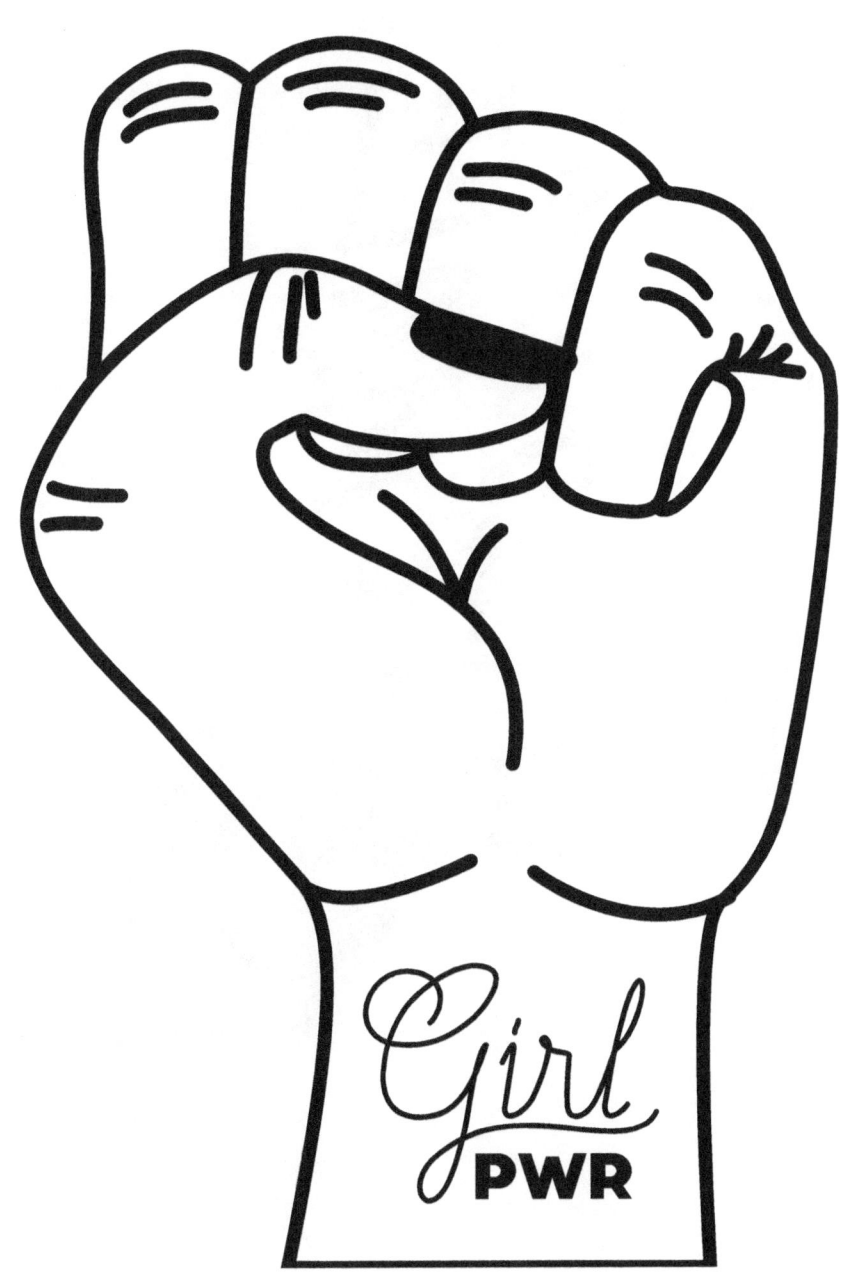

the future is FEMALE

GIRLS SUPPORT GIRLS

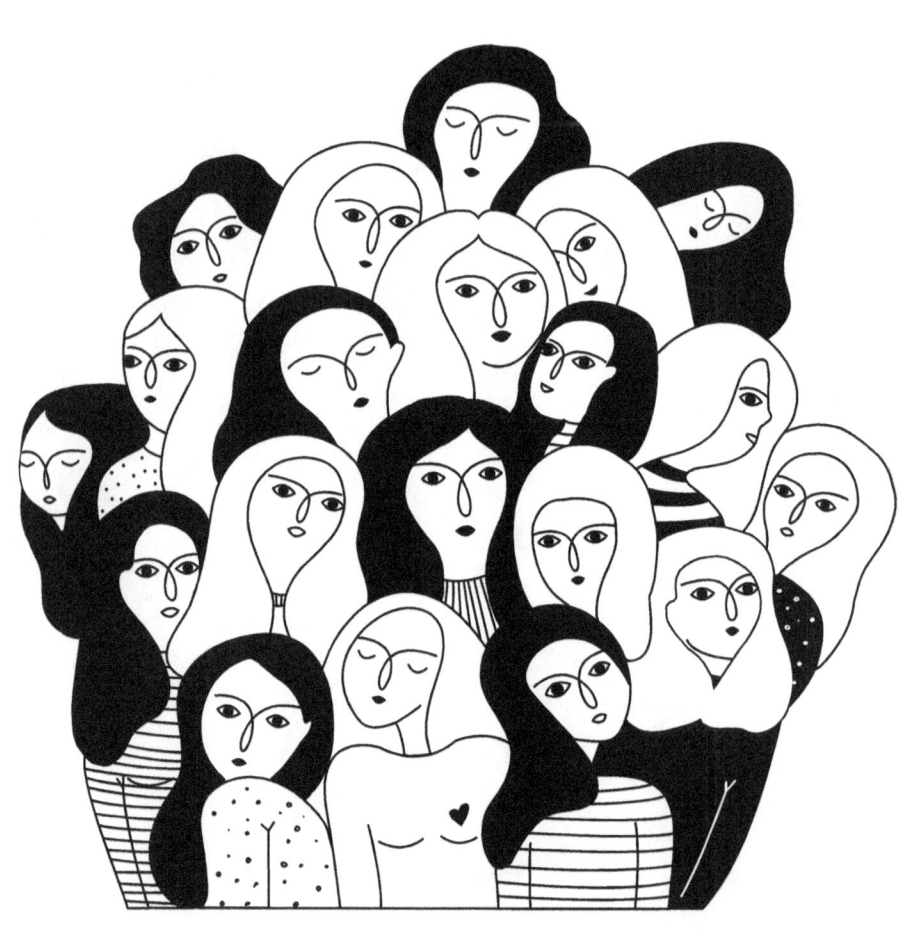

PRAISE FOR* WOMEN

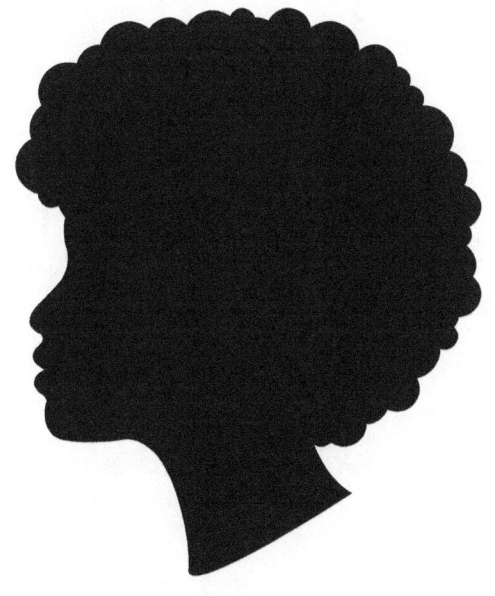

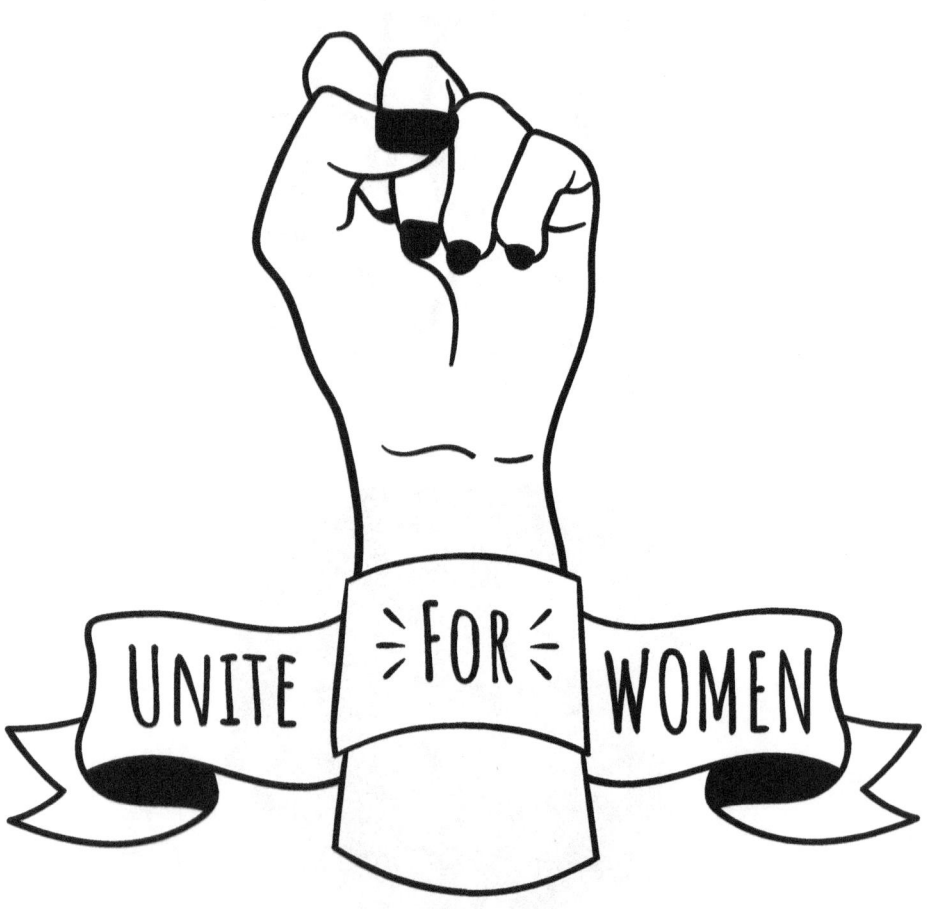

EQUALITY FOR WOMEN

Boss Babe

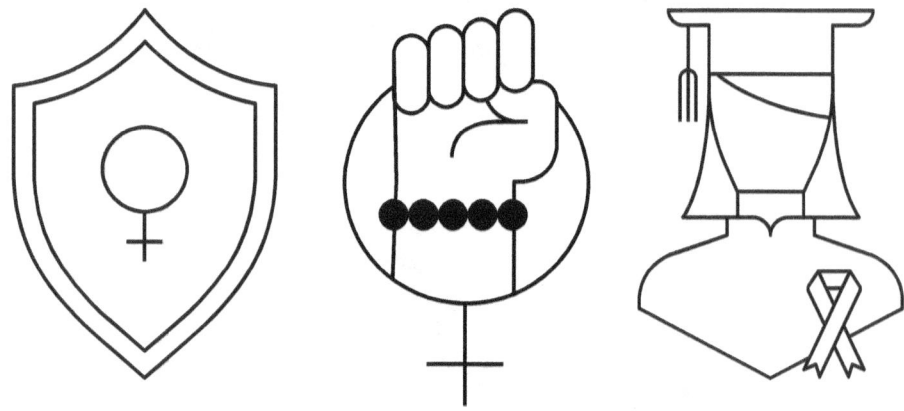

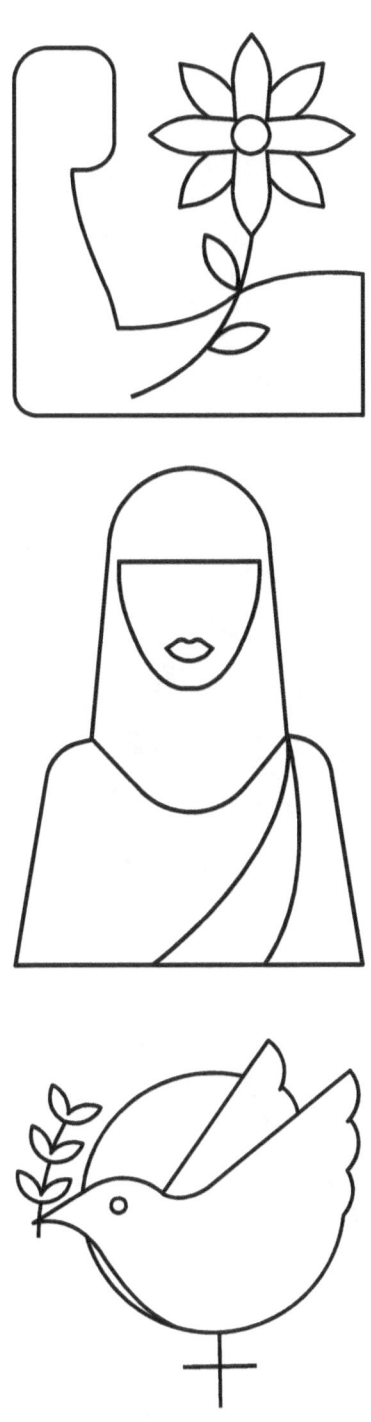

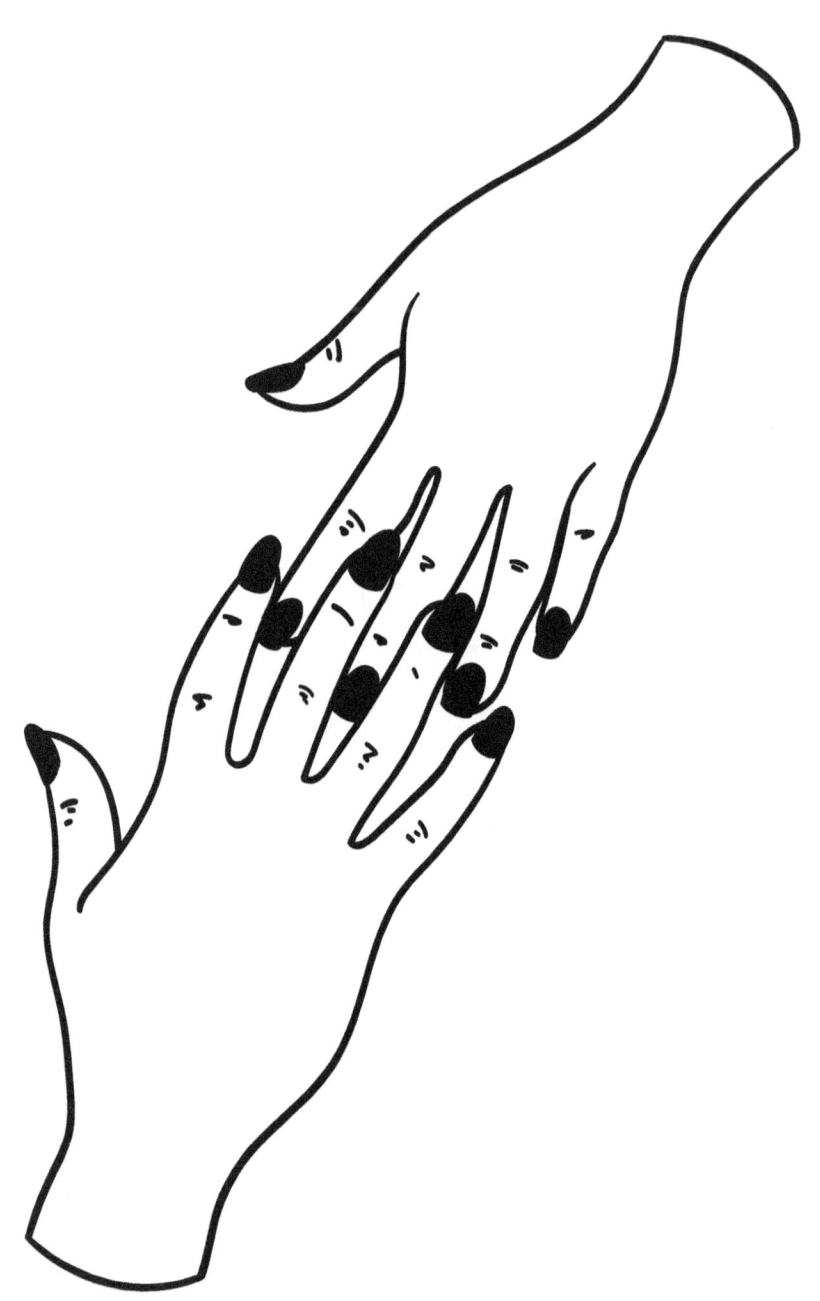

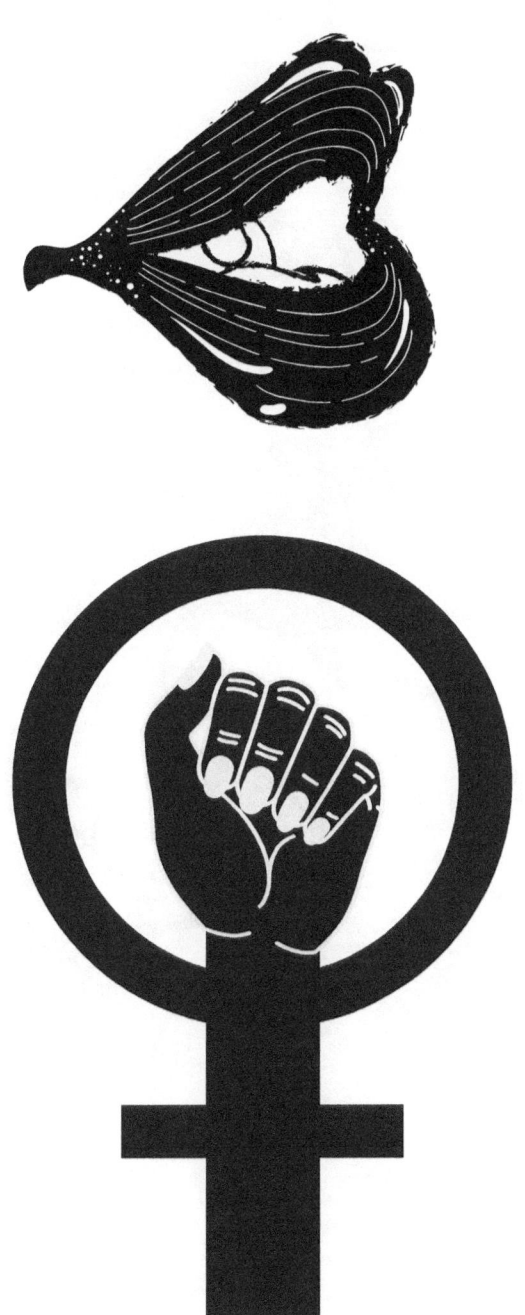

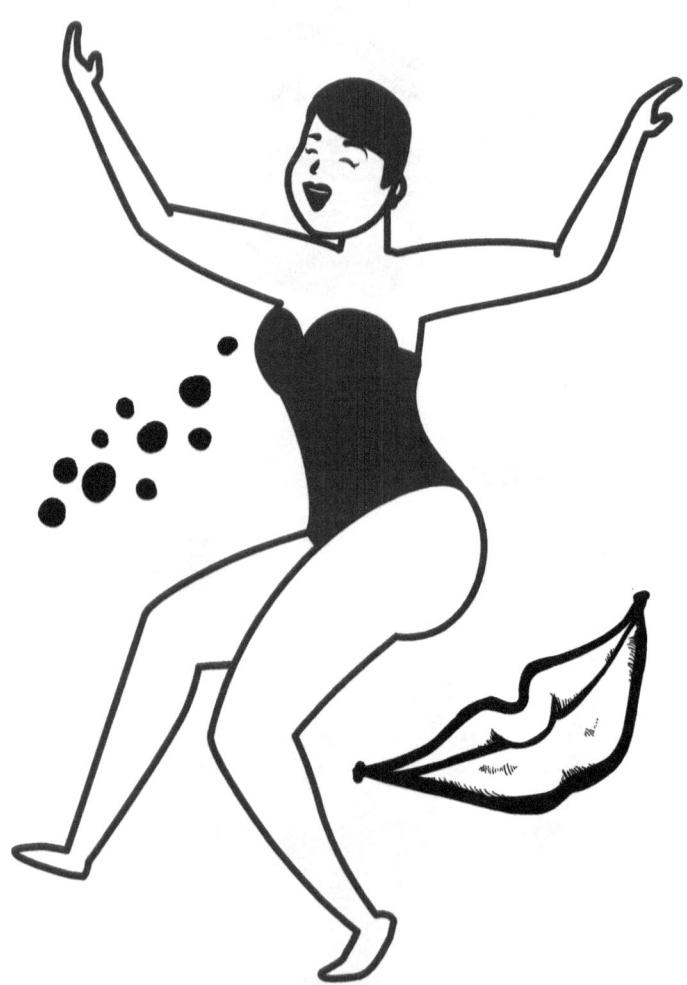

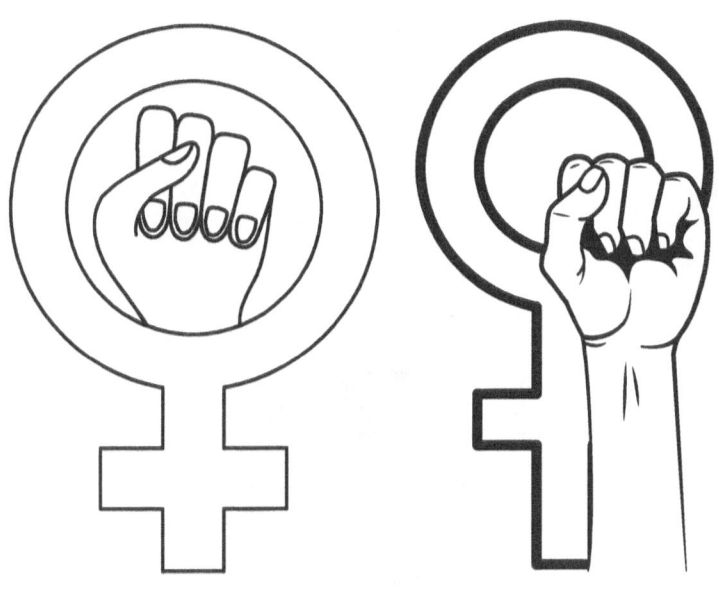

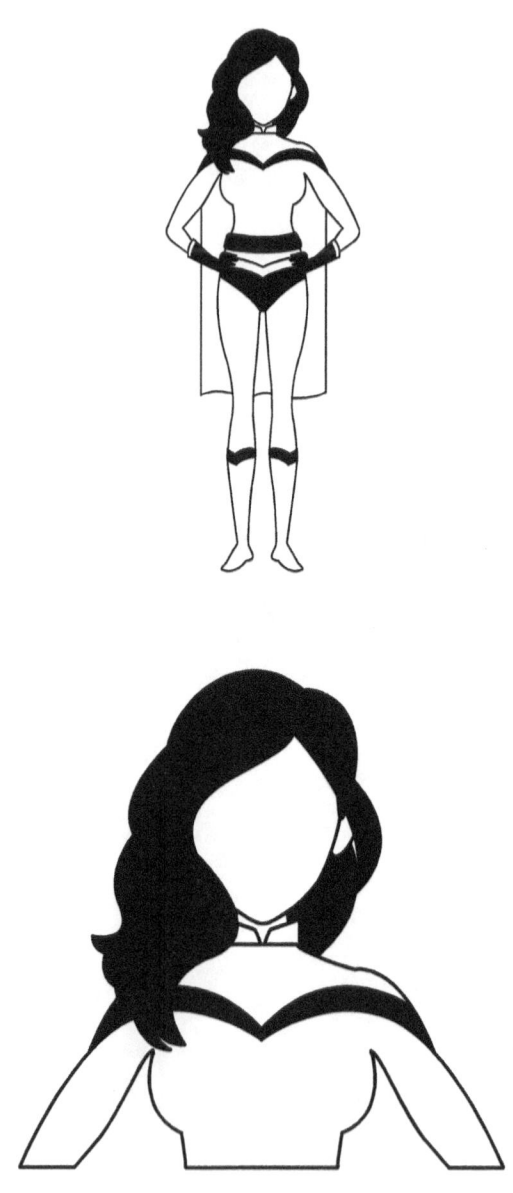

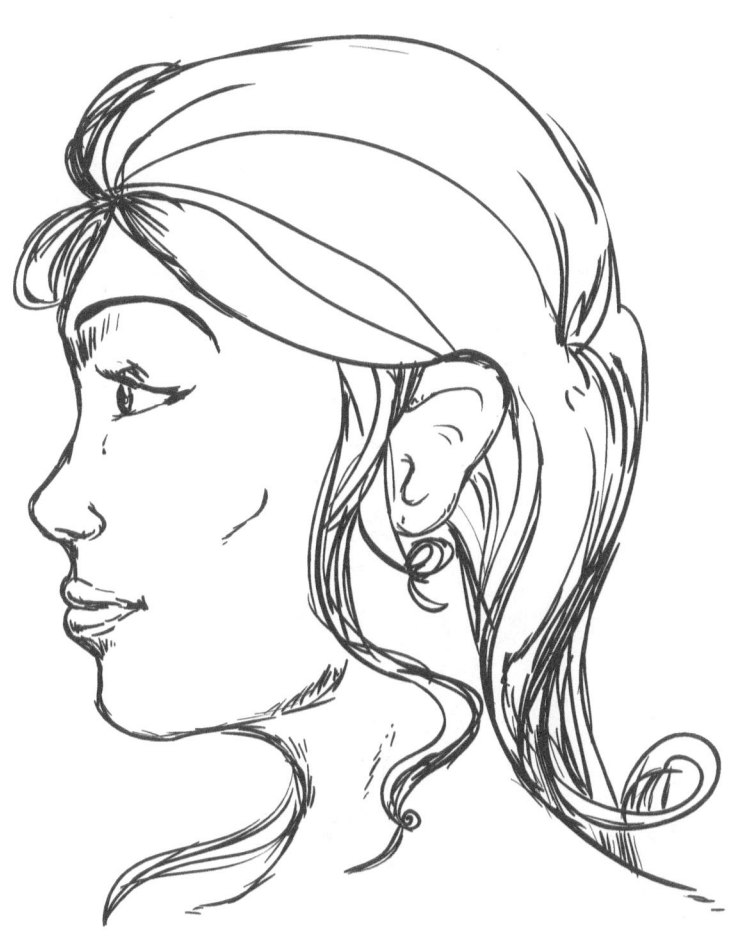

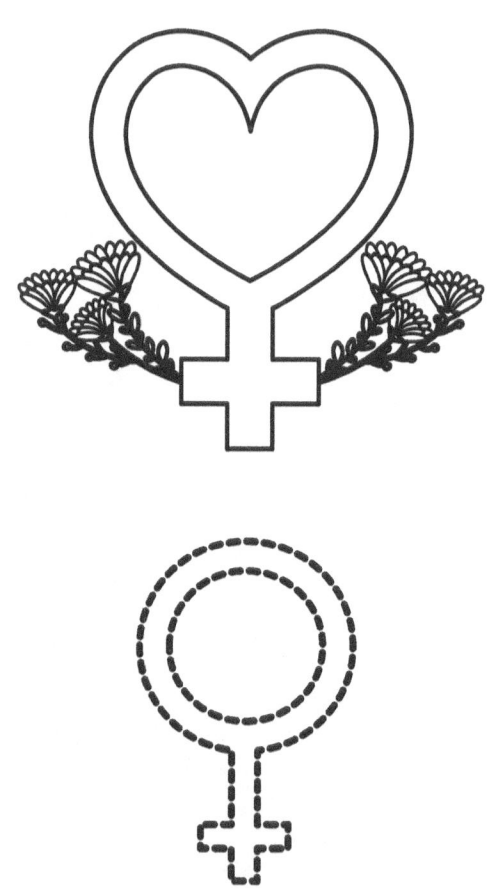

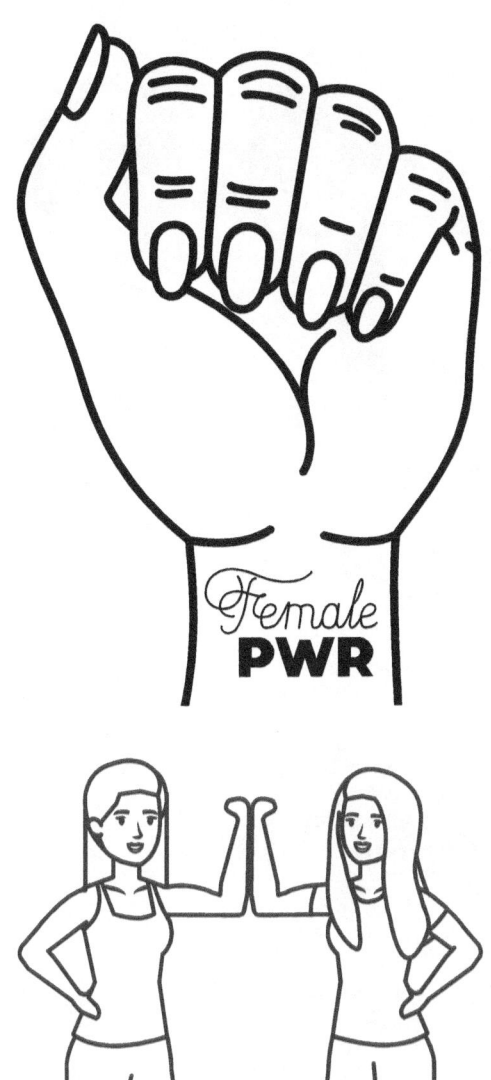

Female
PWR

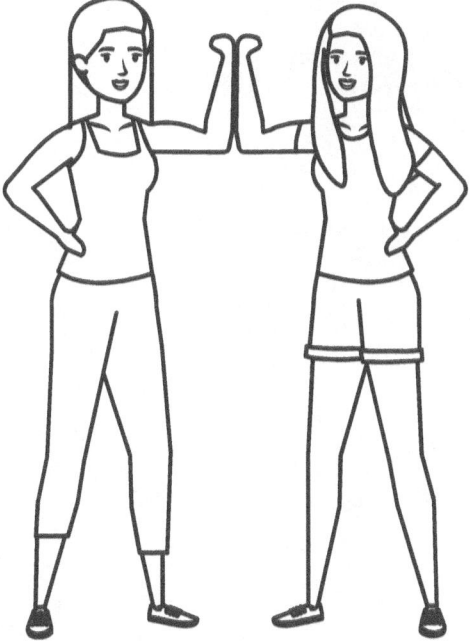

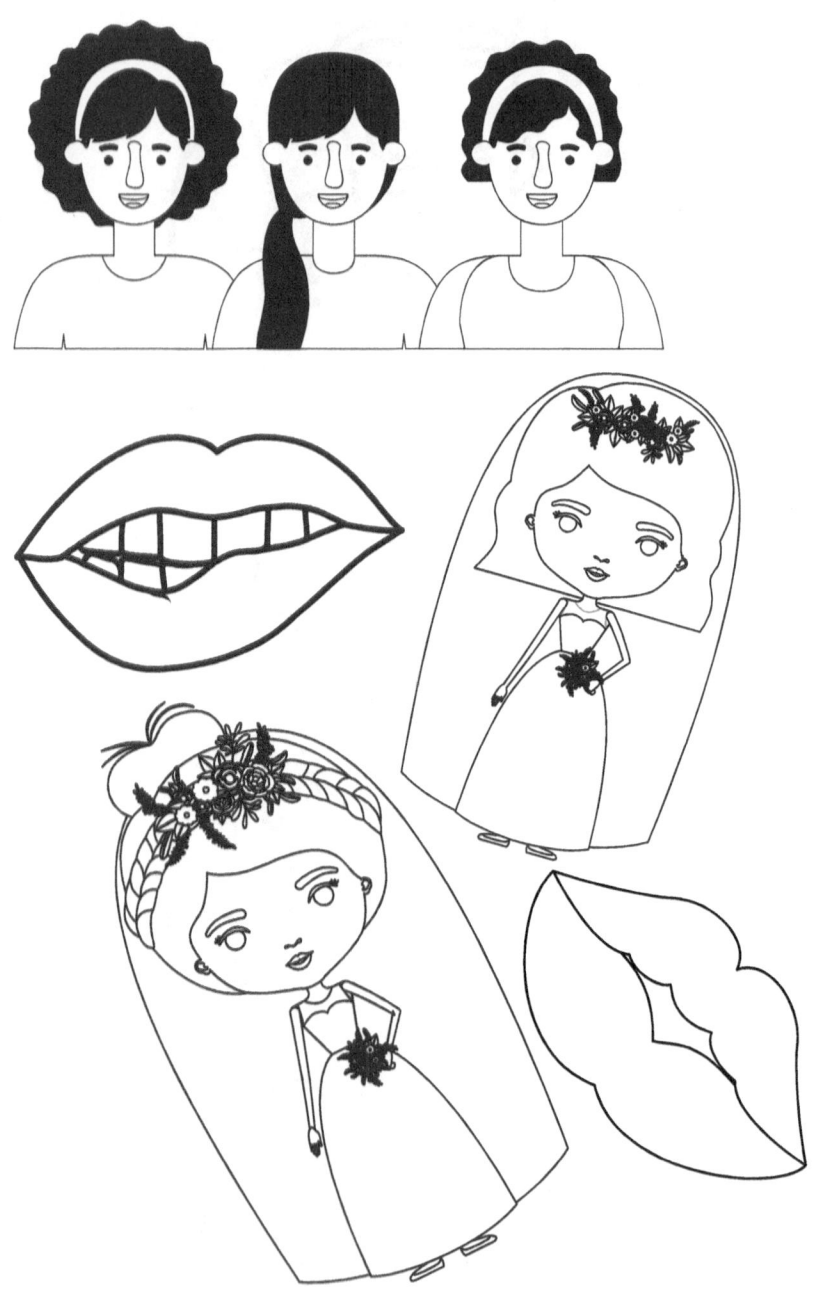

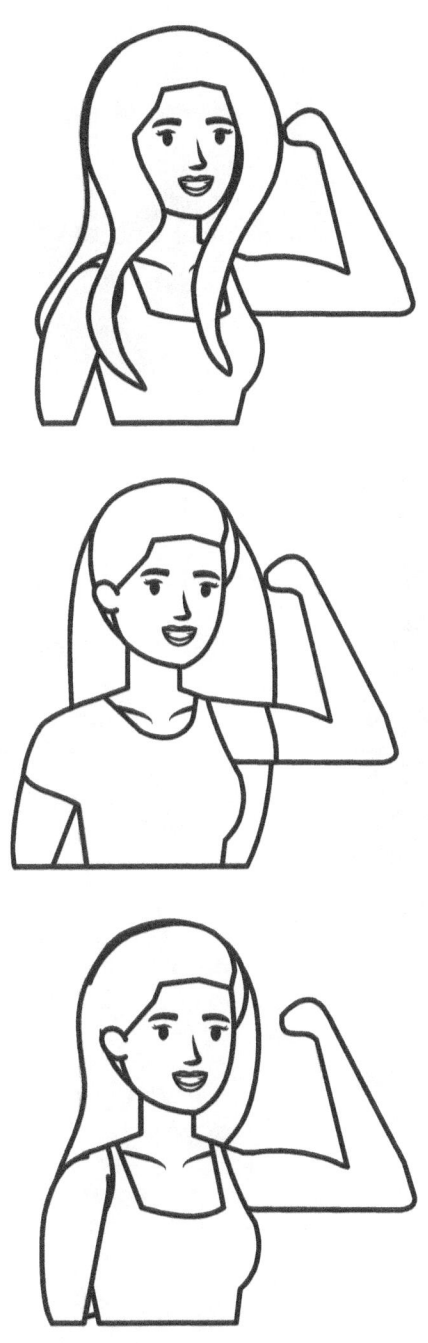

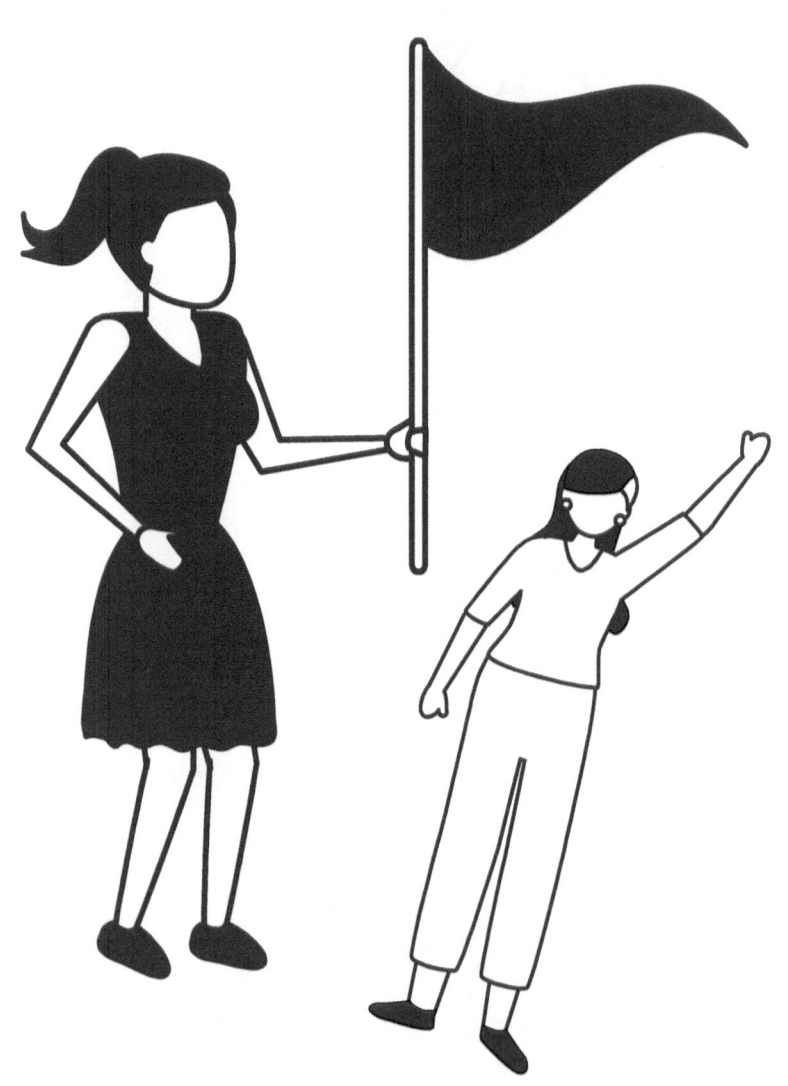

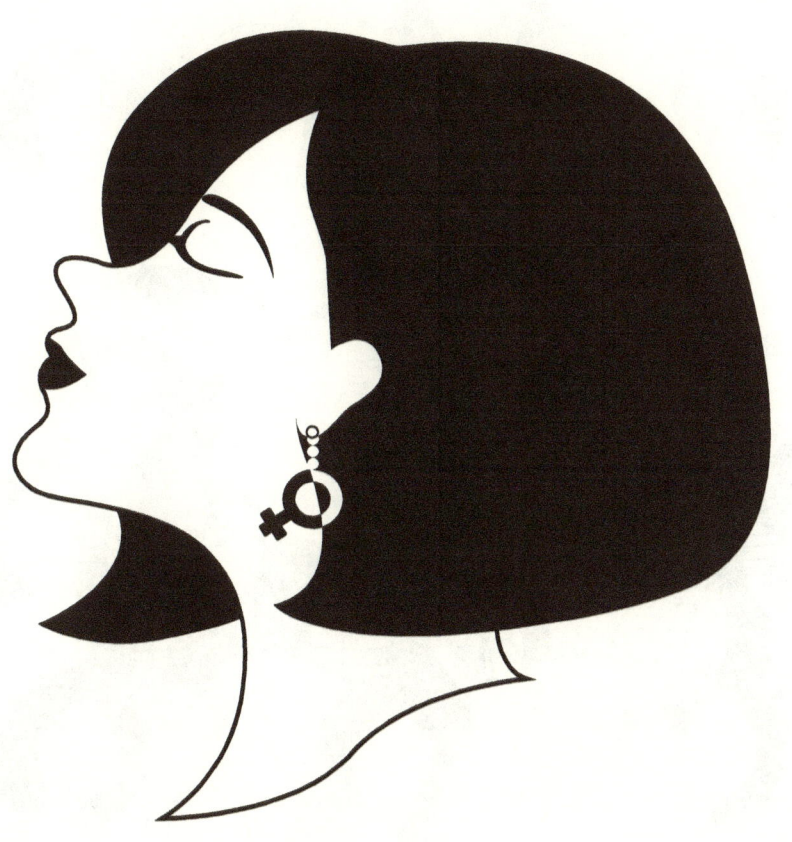

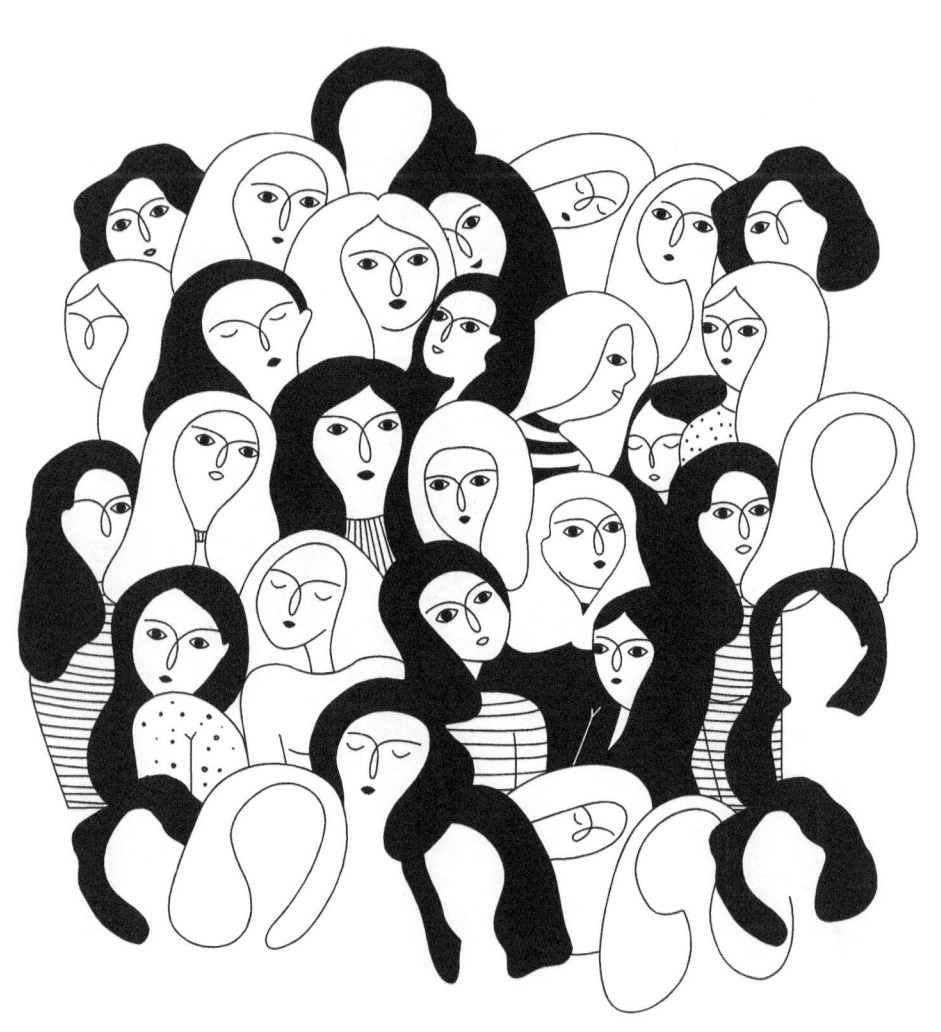

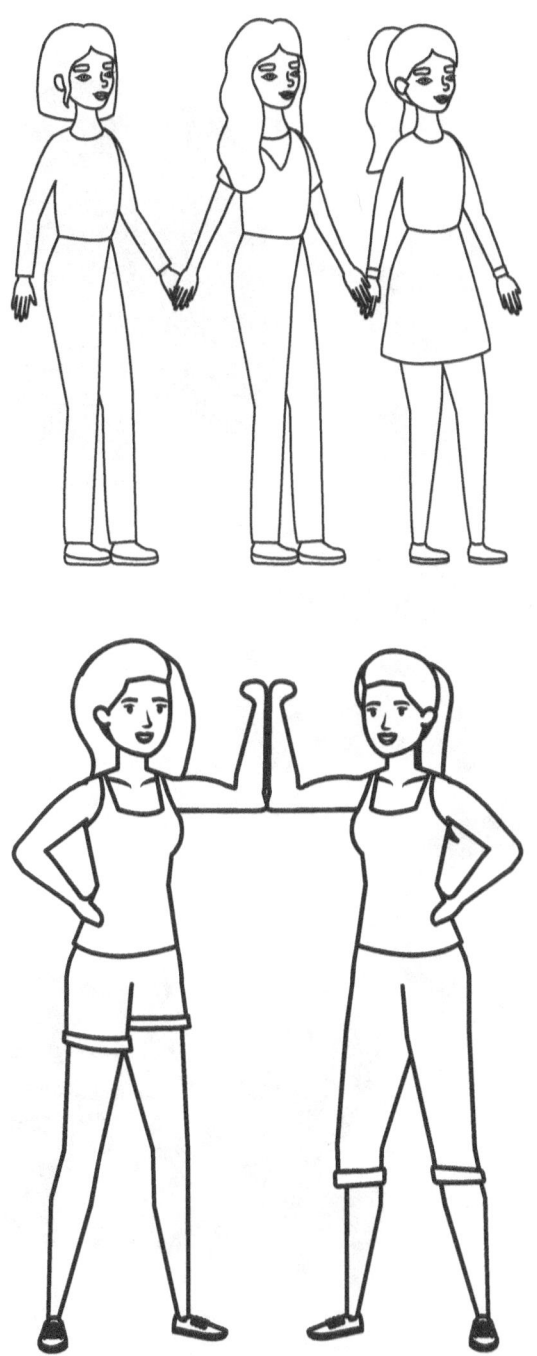

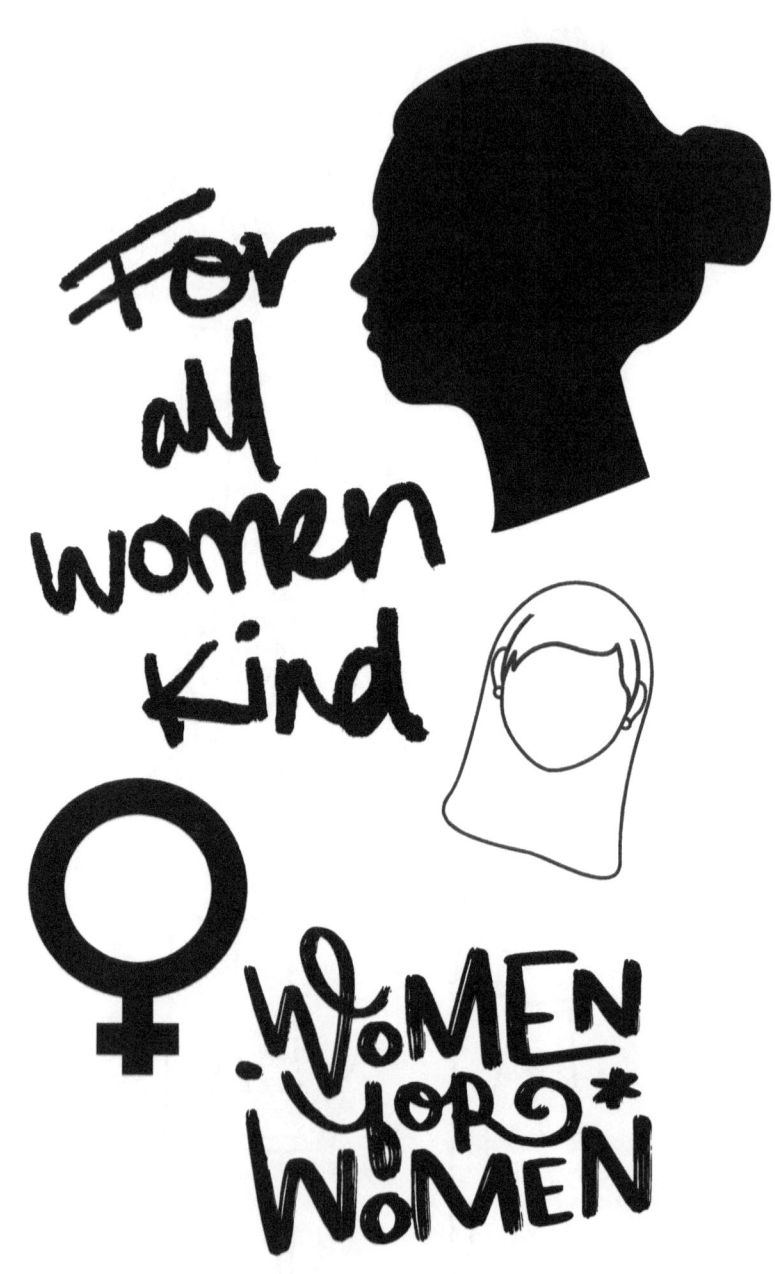

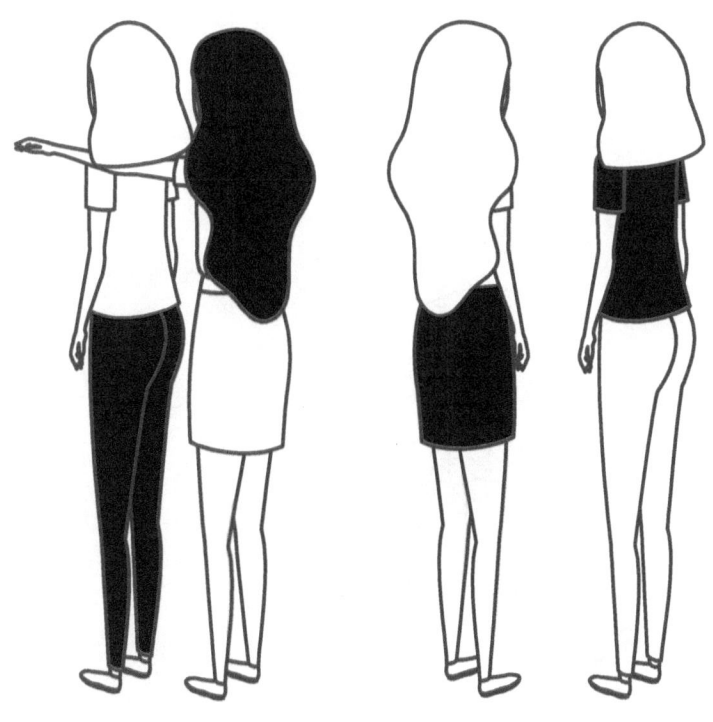

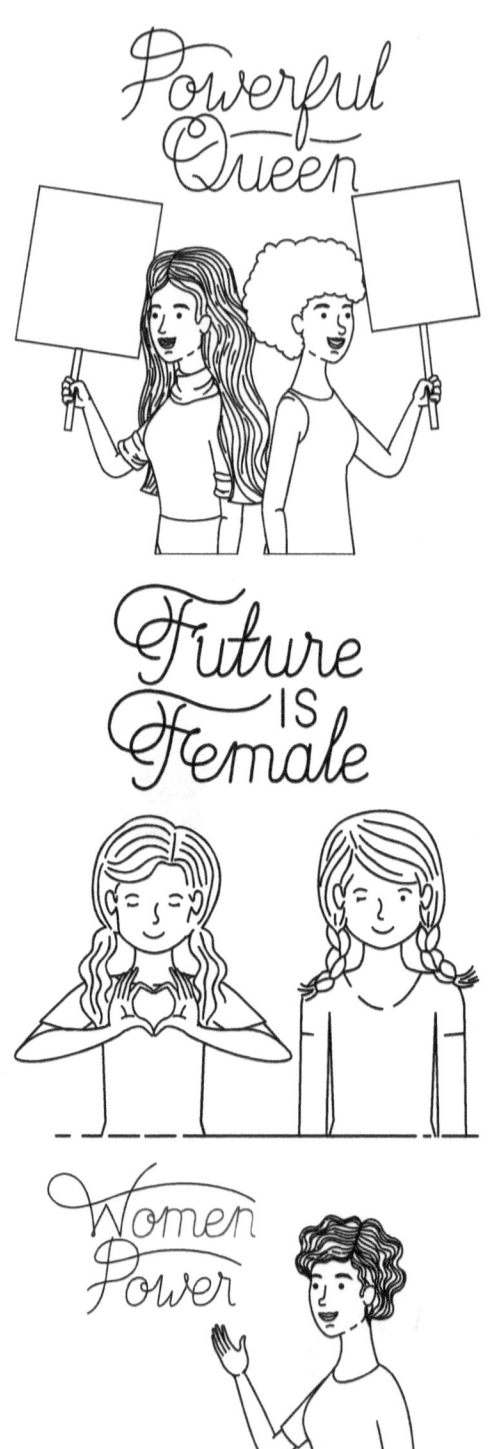

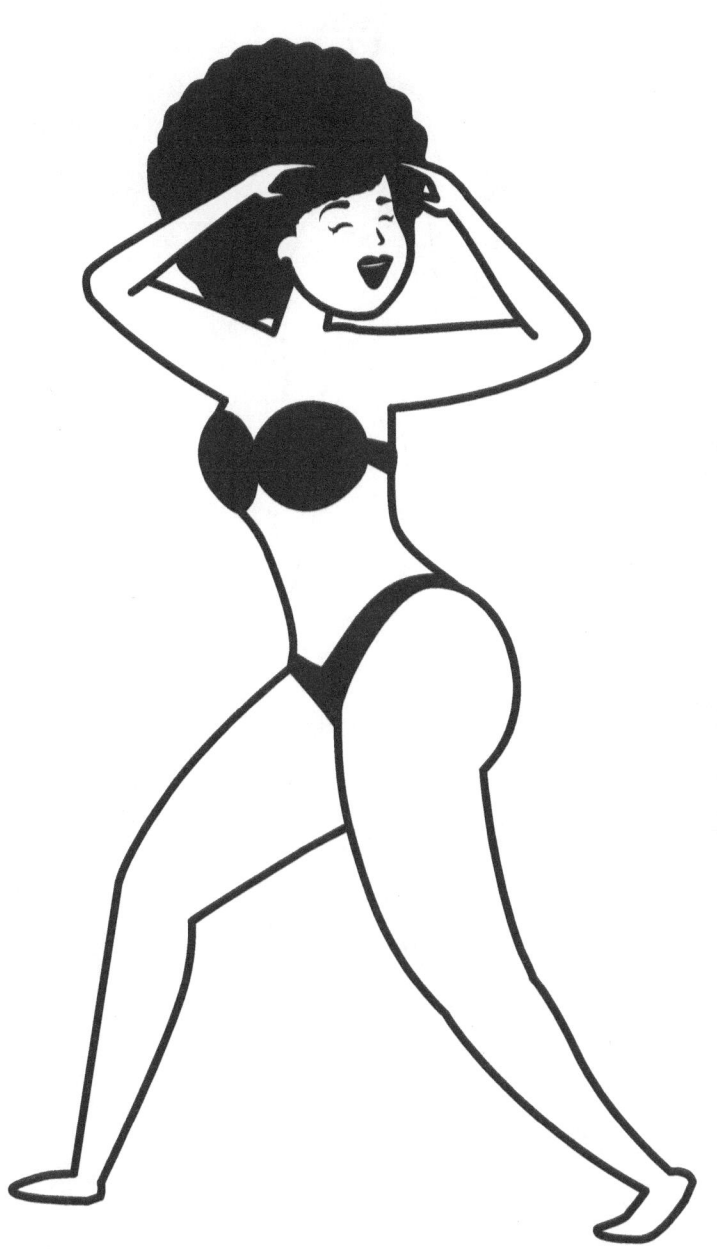

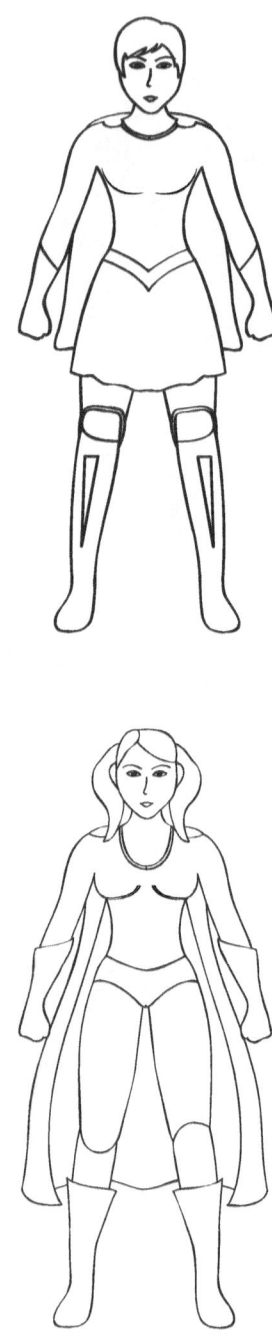

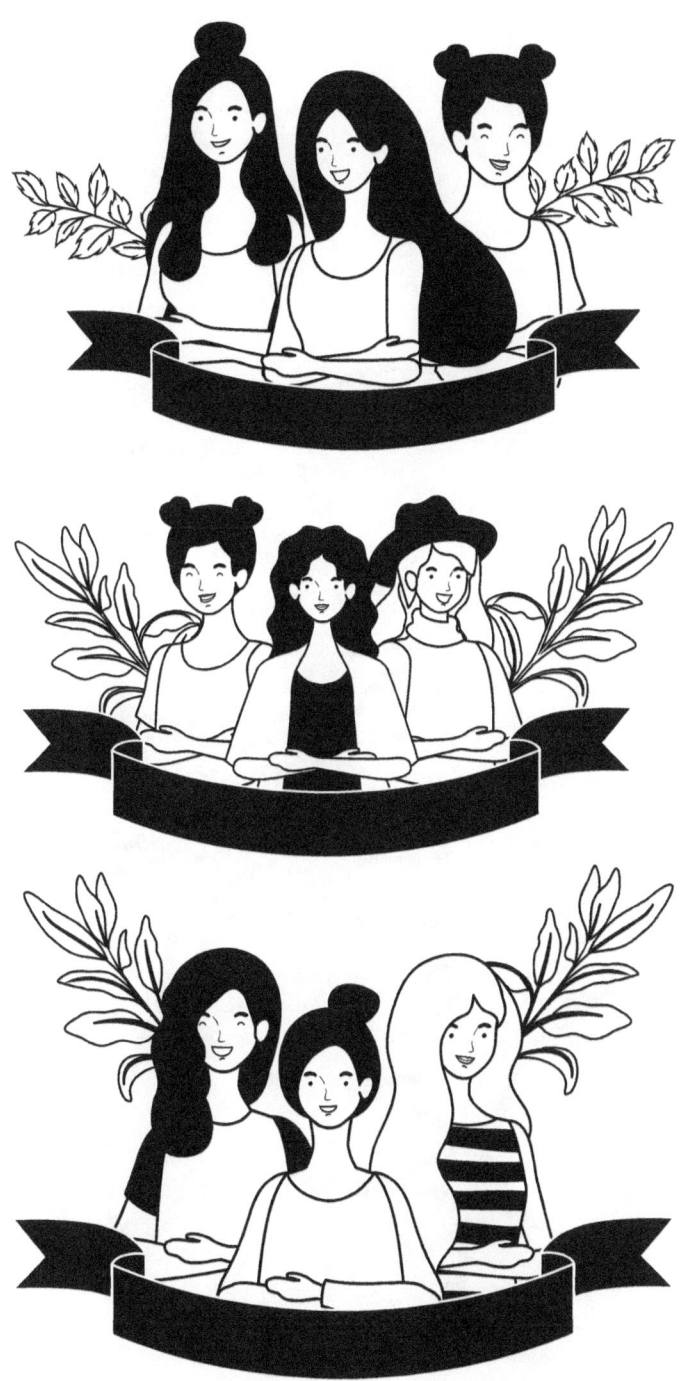

Women support women

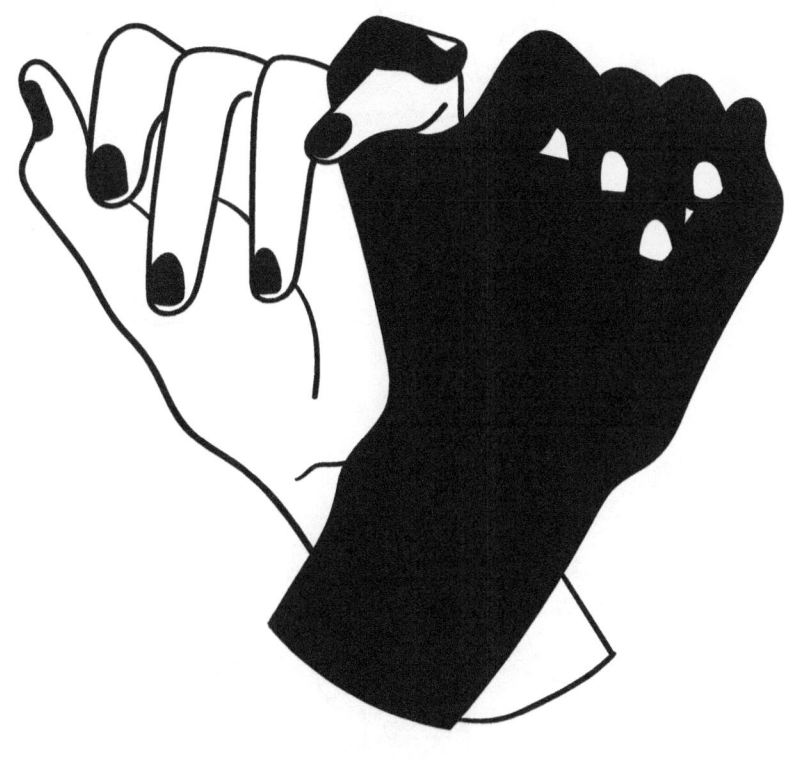

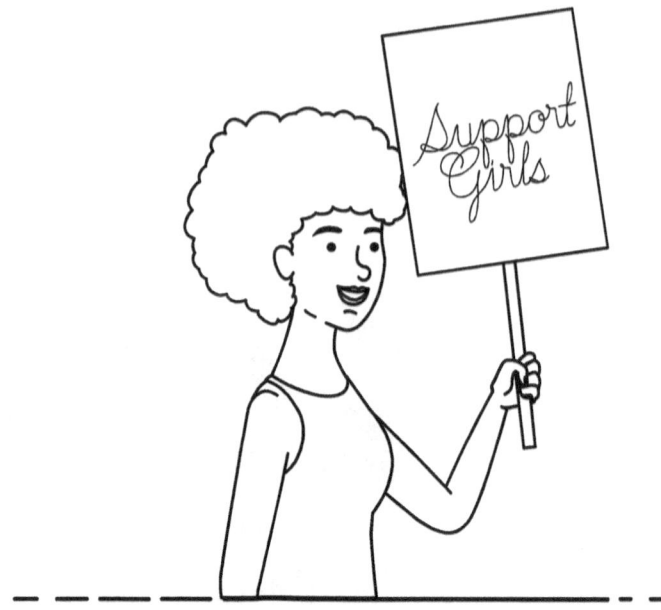

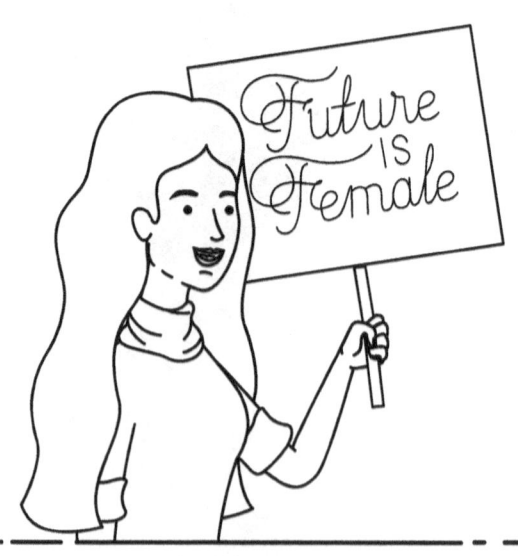

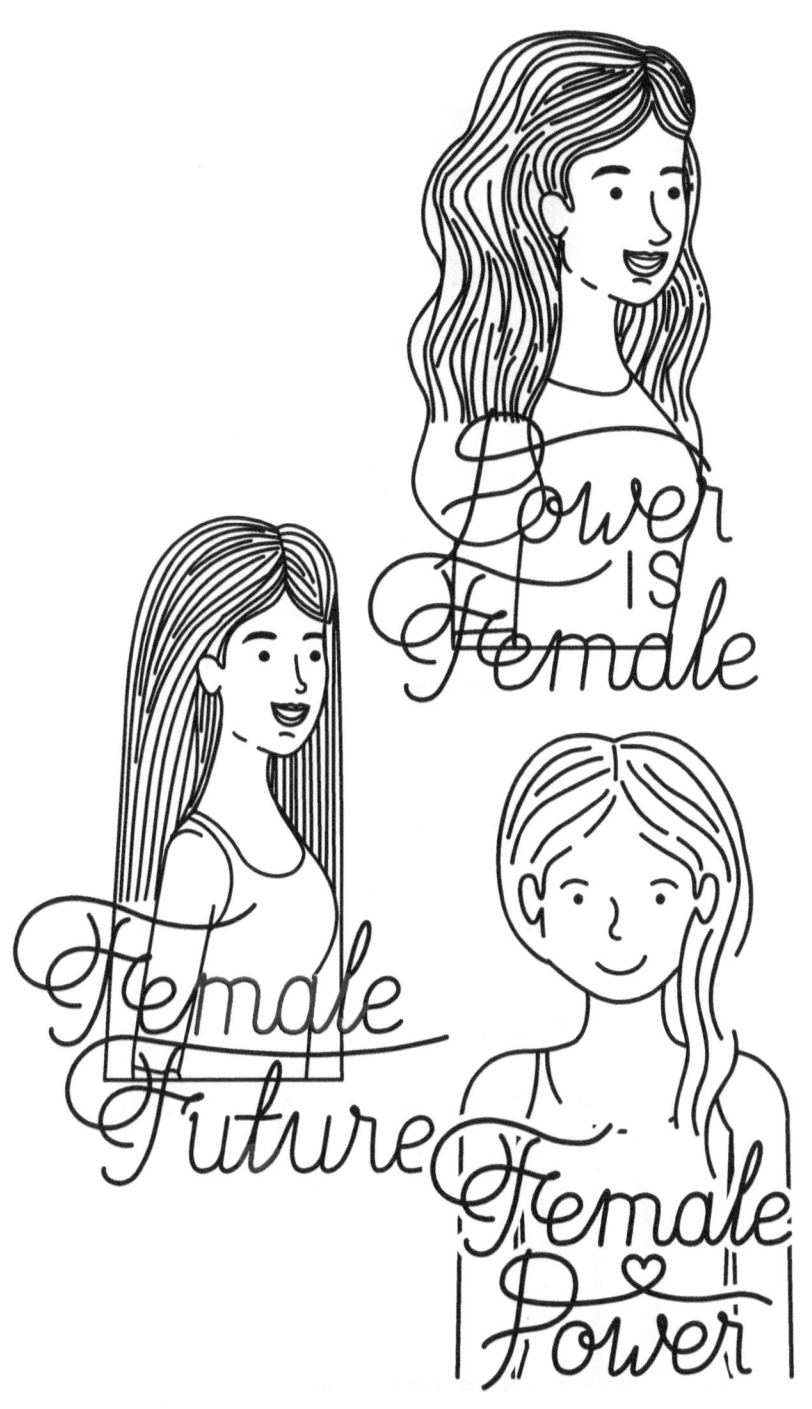

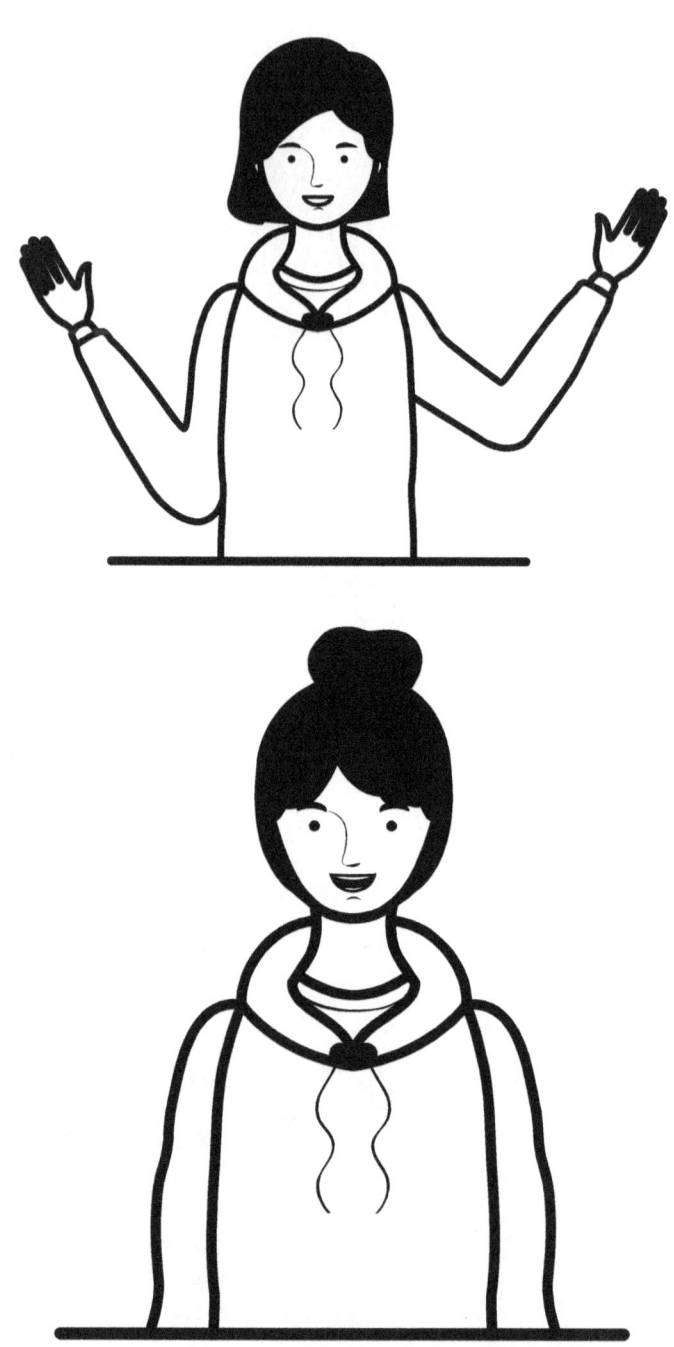

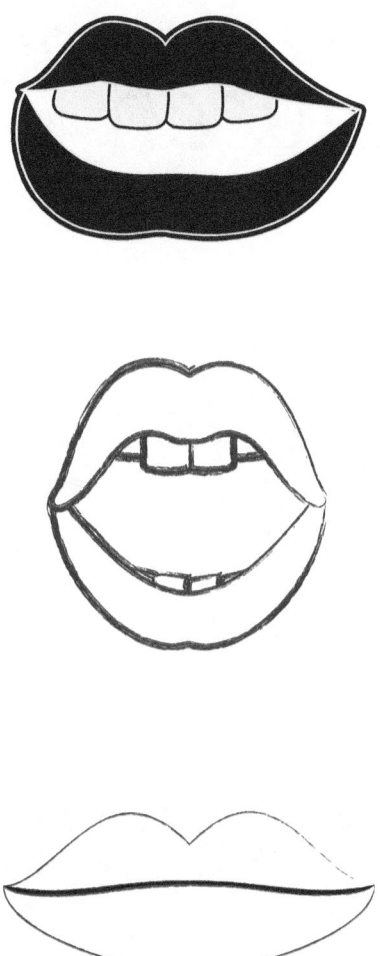

Strong Queen

Strong Woman

Strong Girl

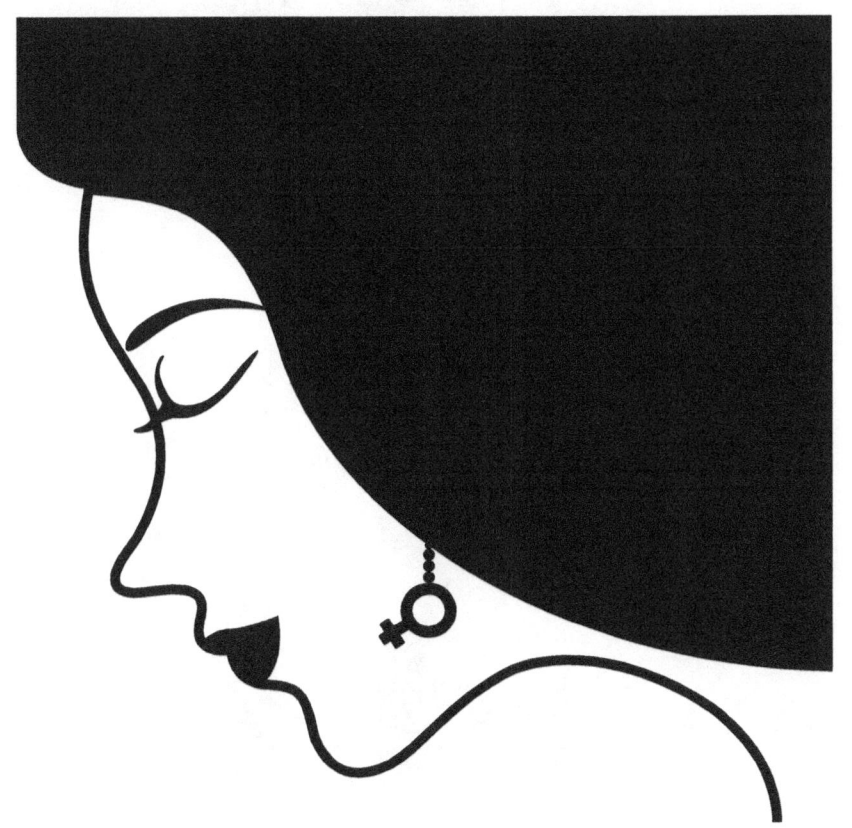

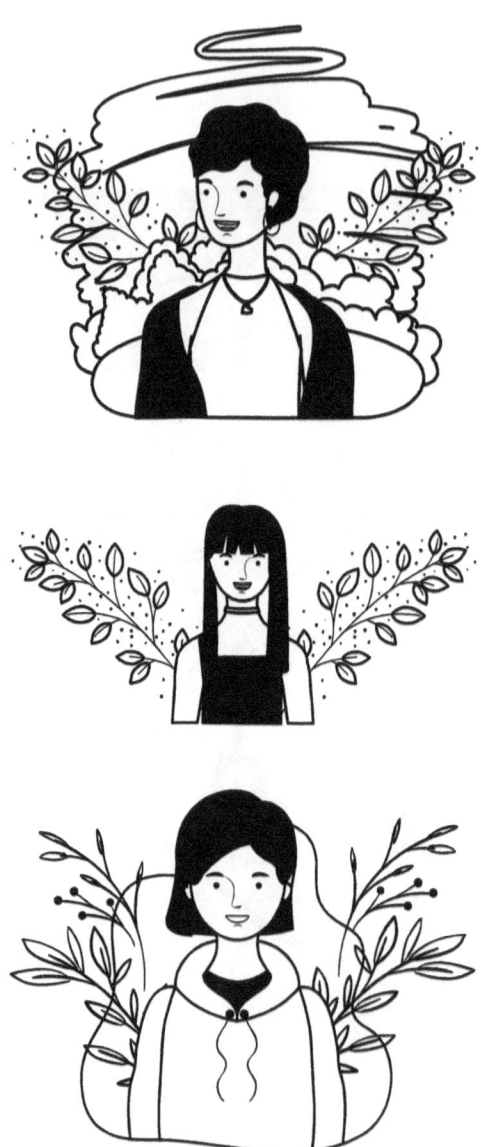

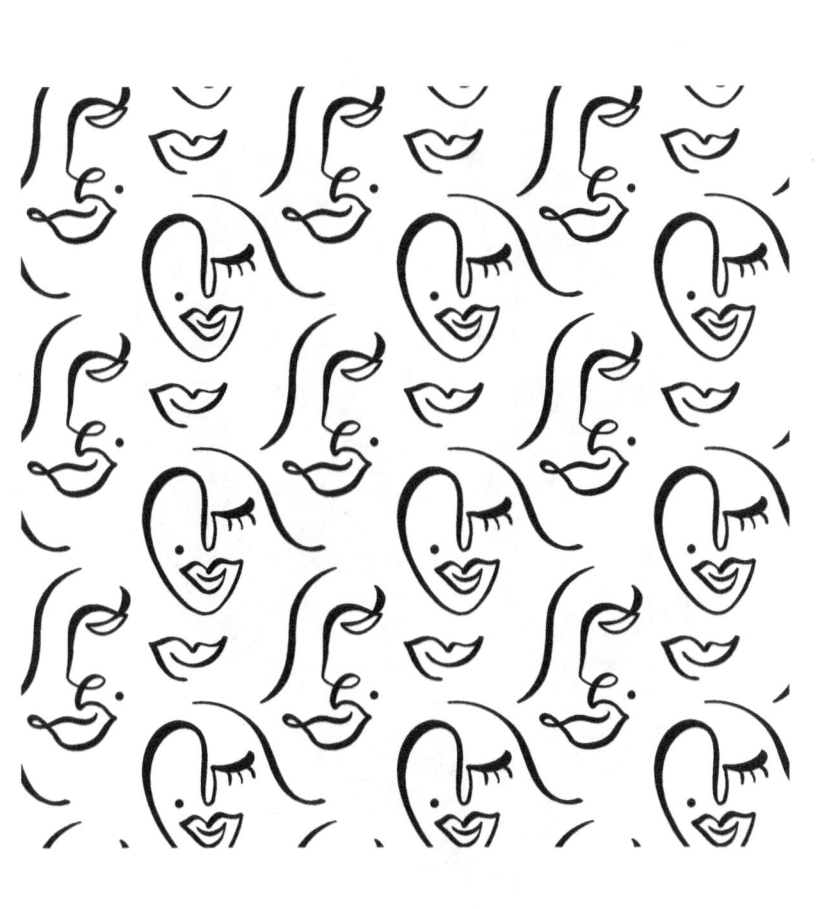

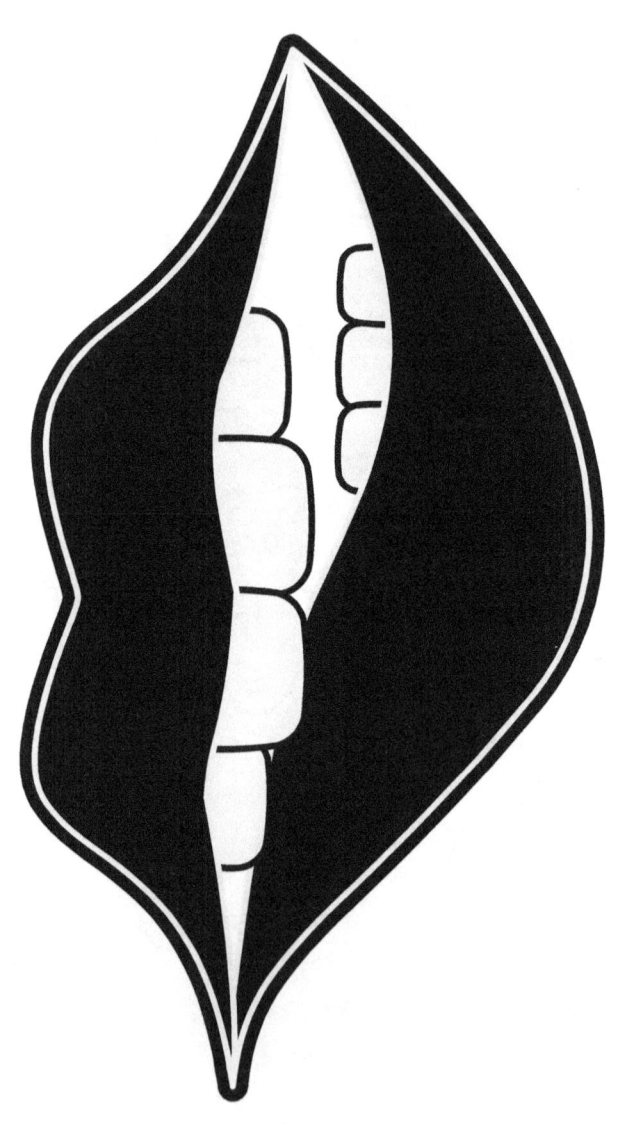

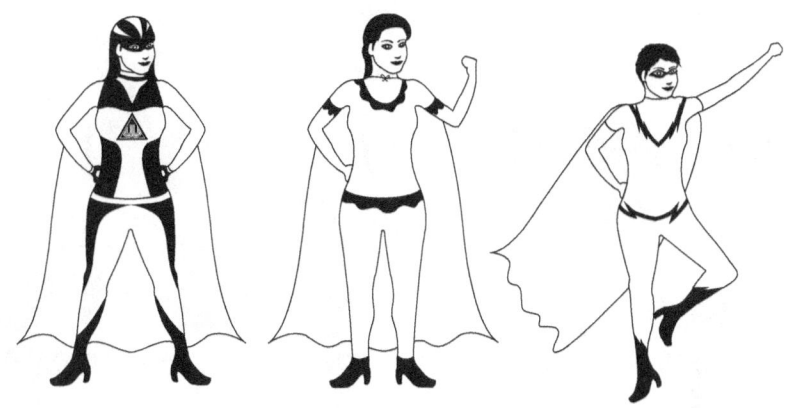

NOBODY CAN DO IT FOR YOU YOU HAVE TO DO IT YOURSELF

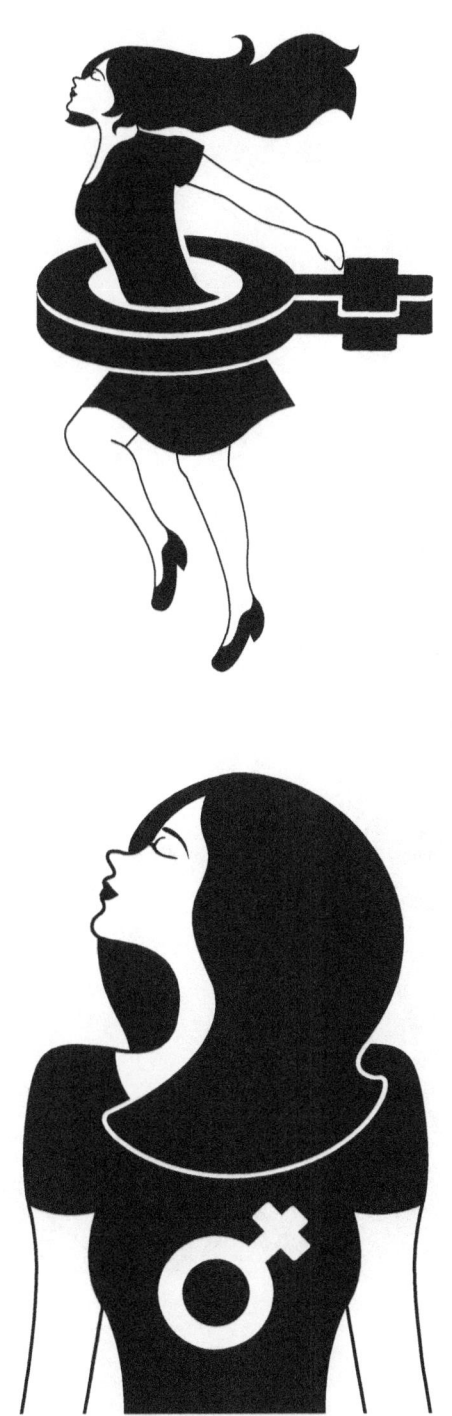

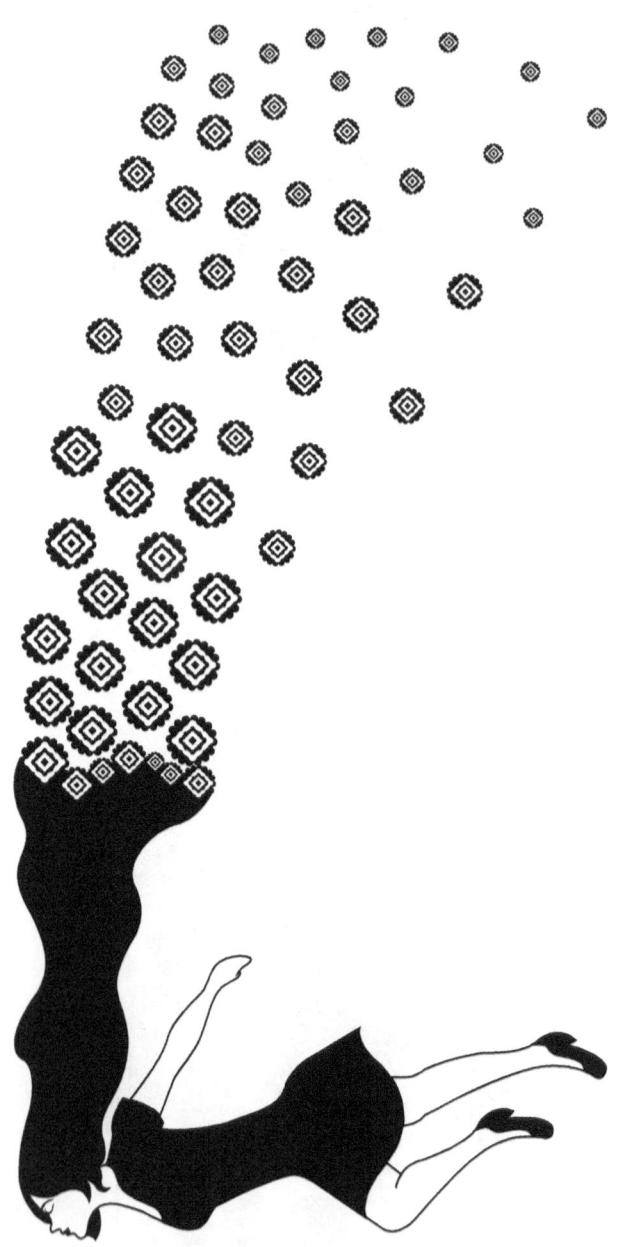

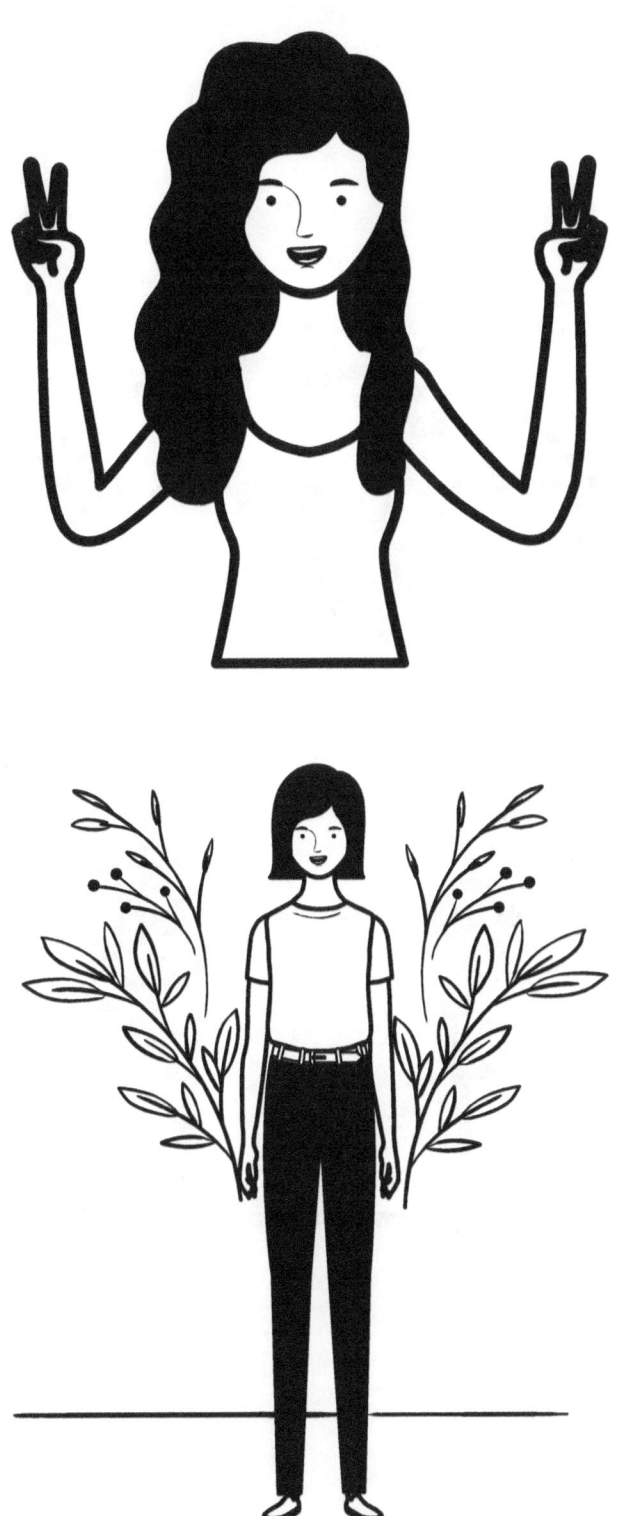

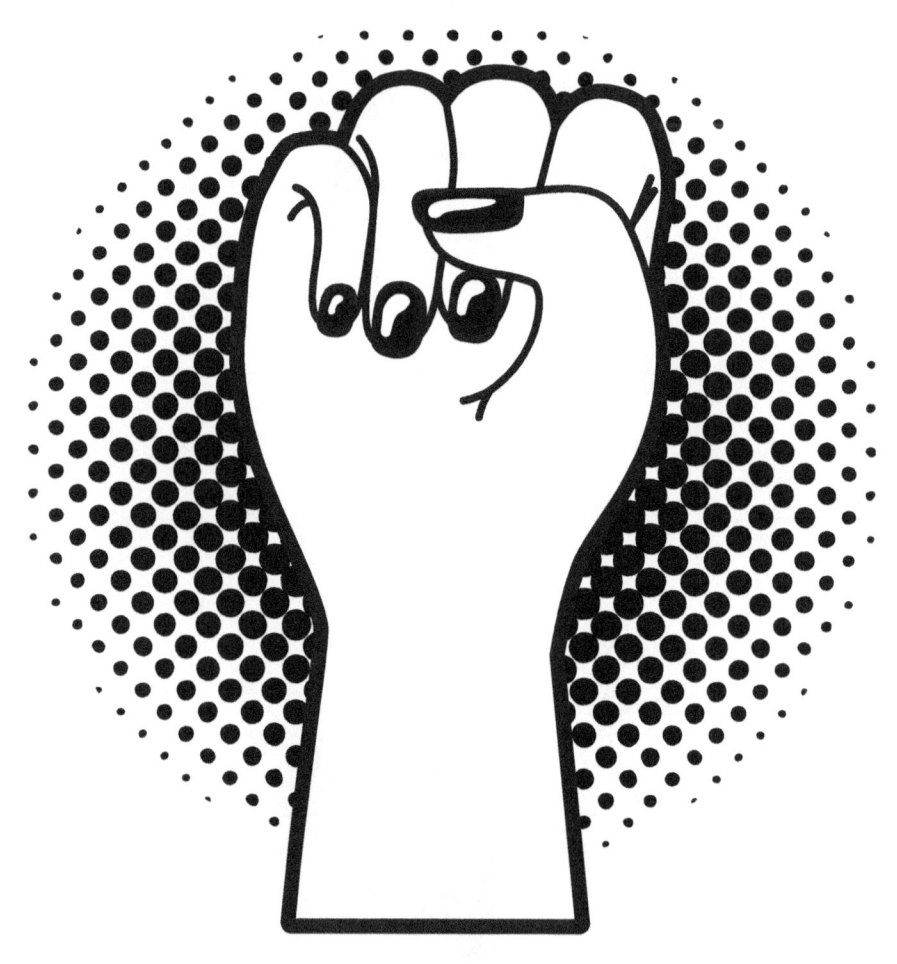

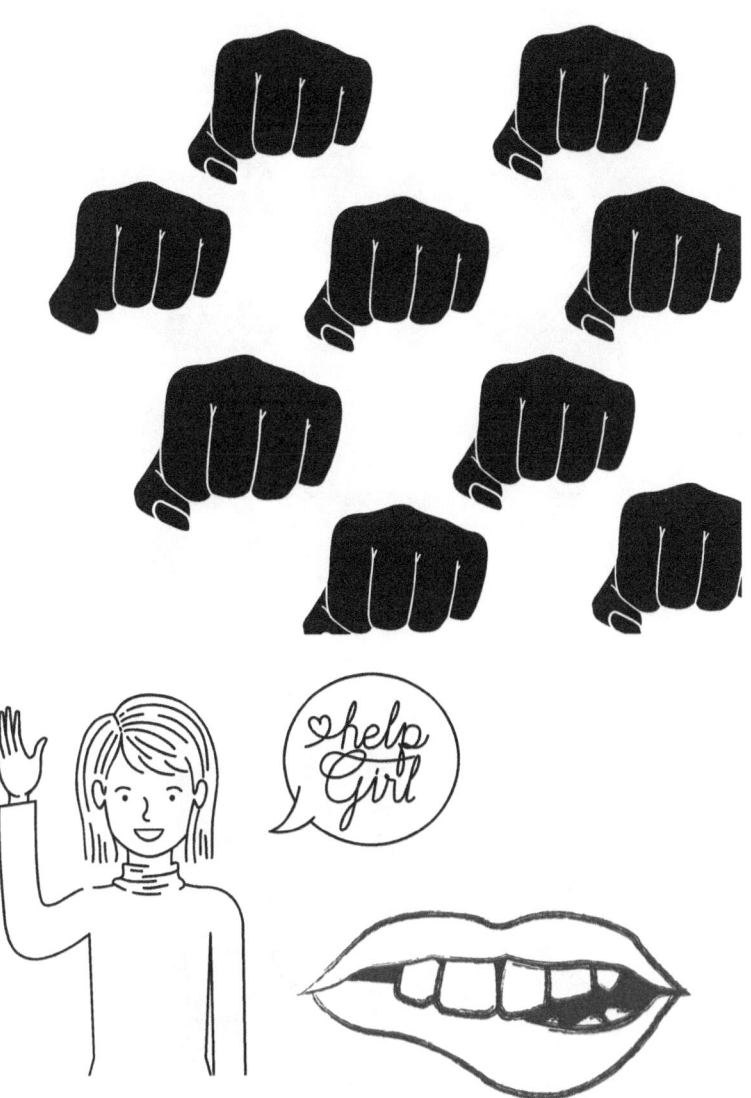

GRL
PWR

GRL
PWR

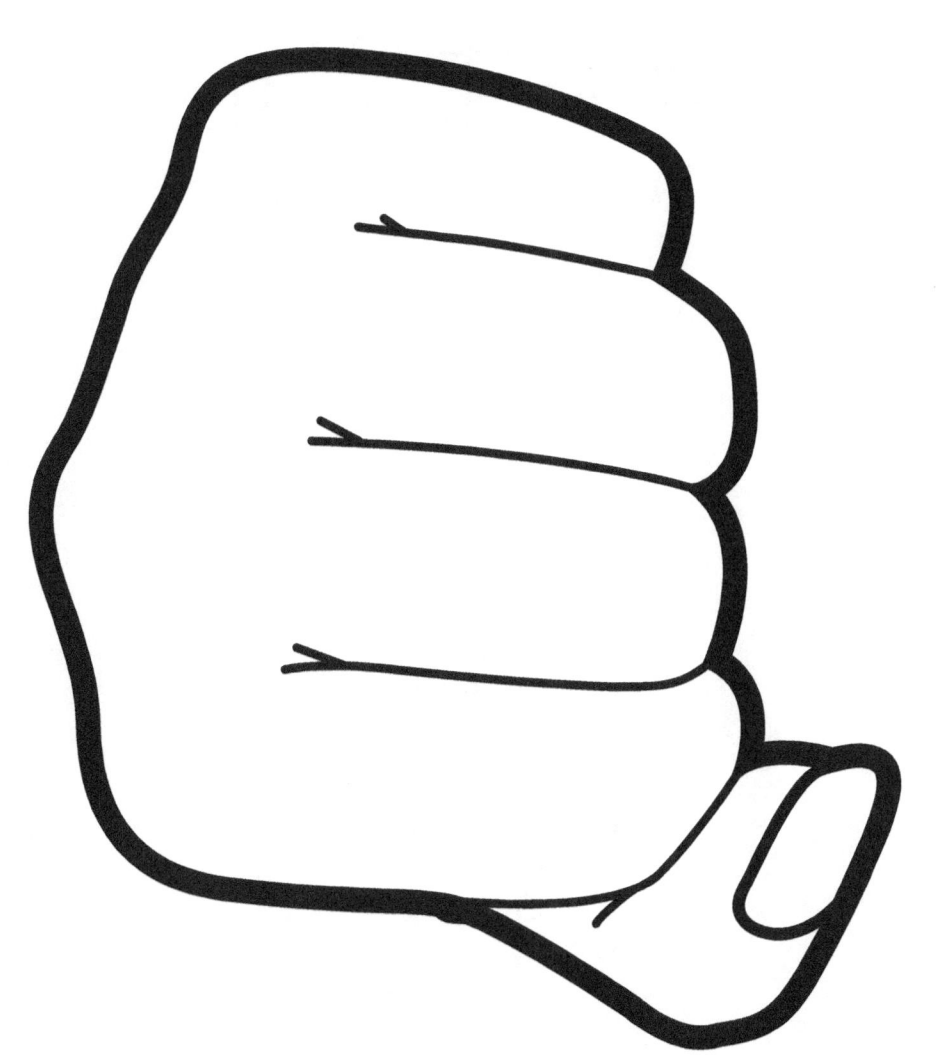

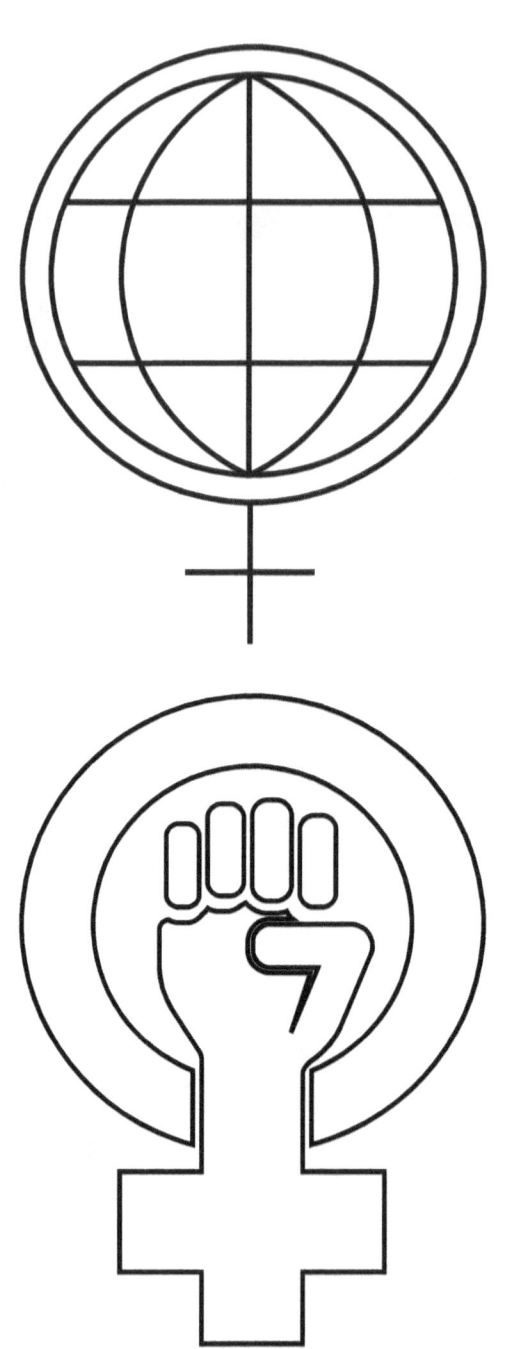

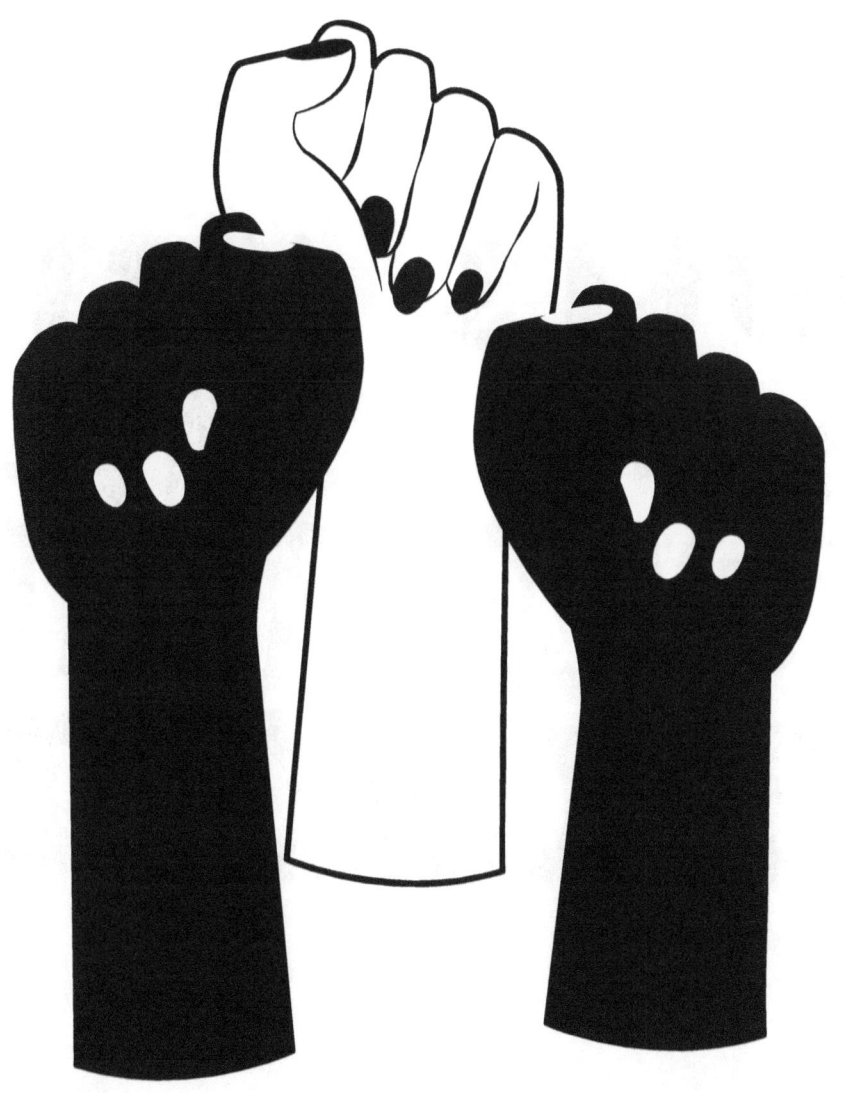

GIRLS JUST WANNA HAVE FUNDAMENTAL HUMAN RIGHTS

Female
Future

help
Girl

Powerful
Woman

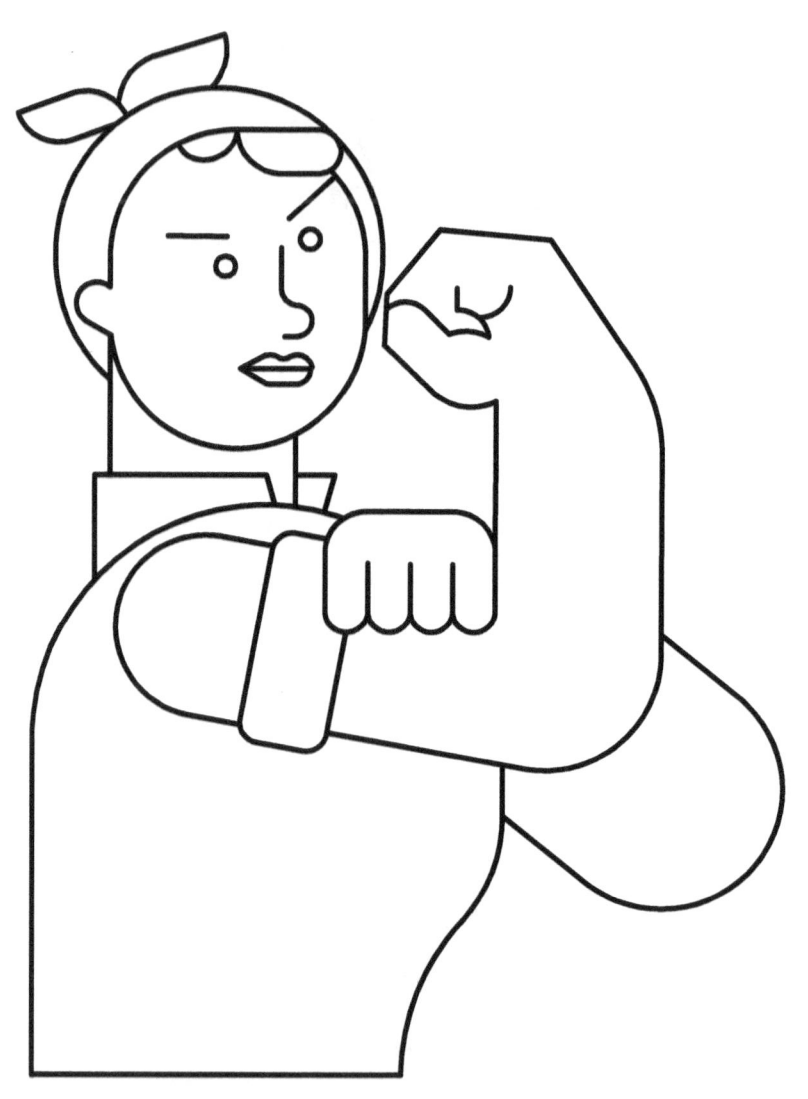

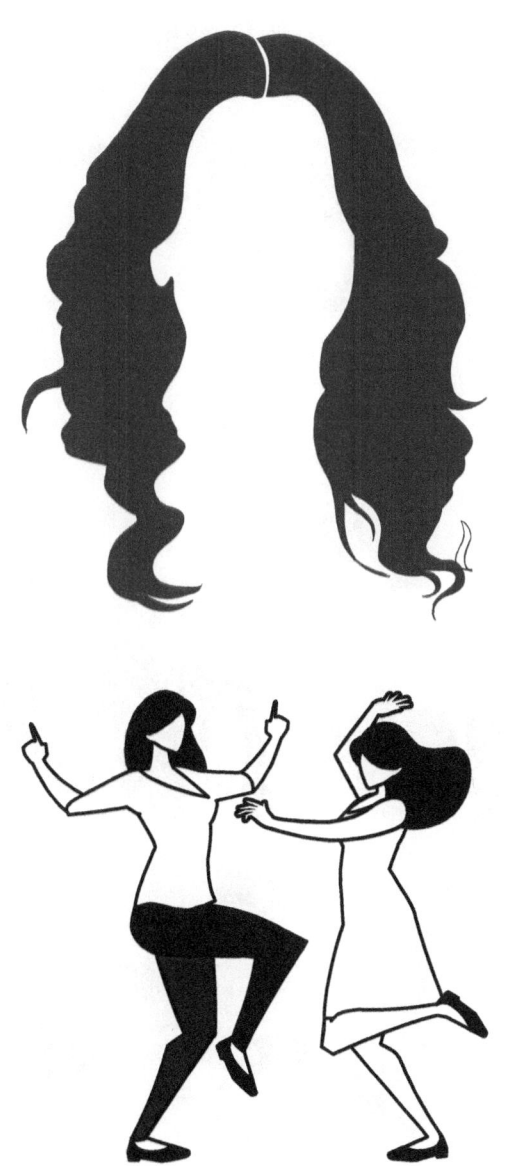

For all women kind

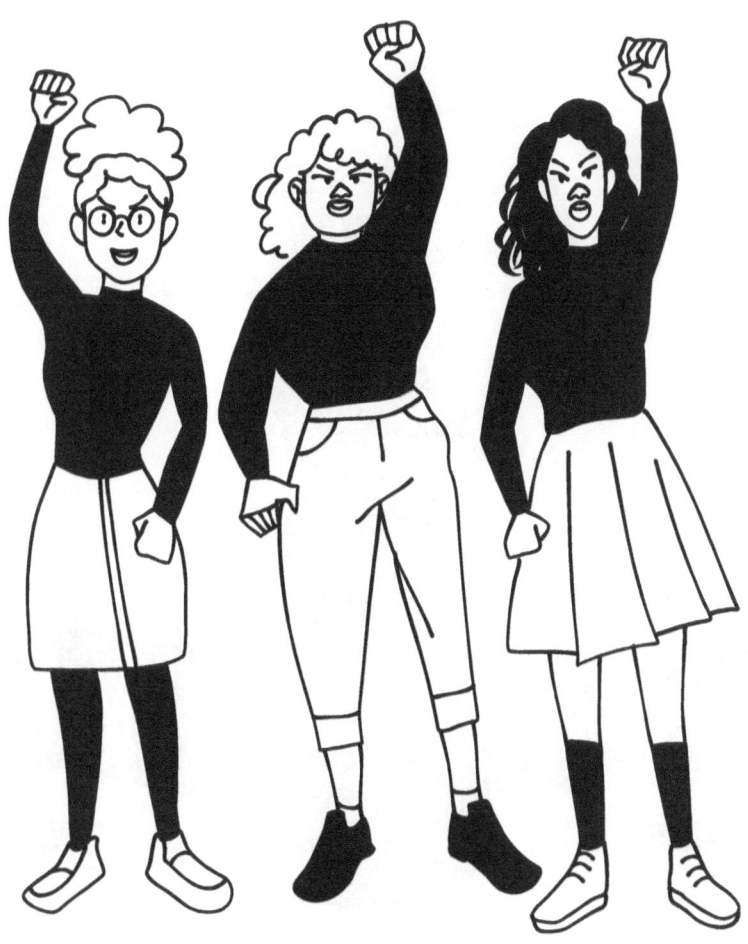

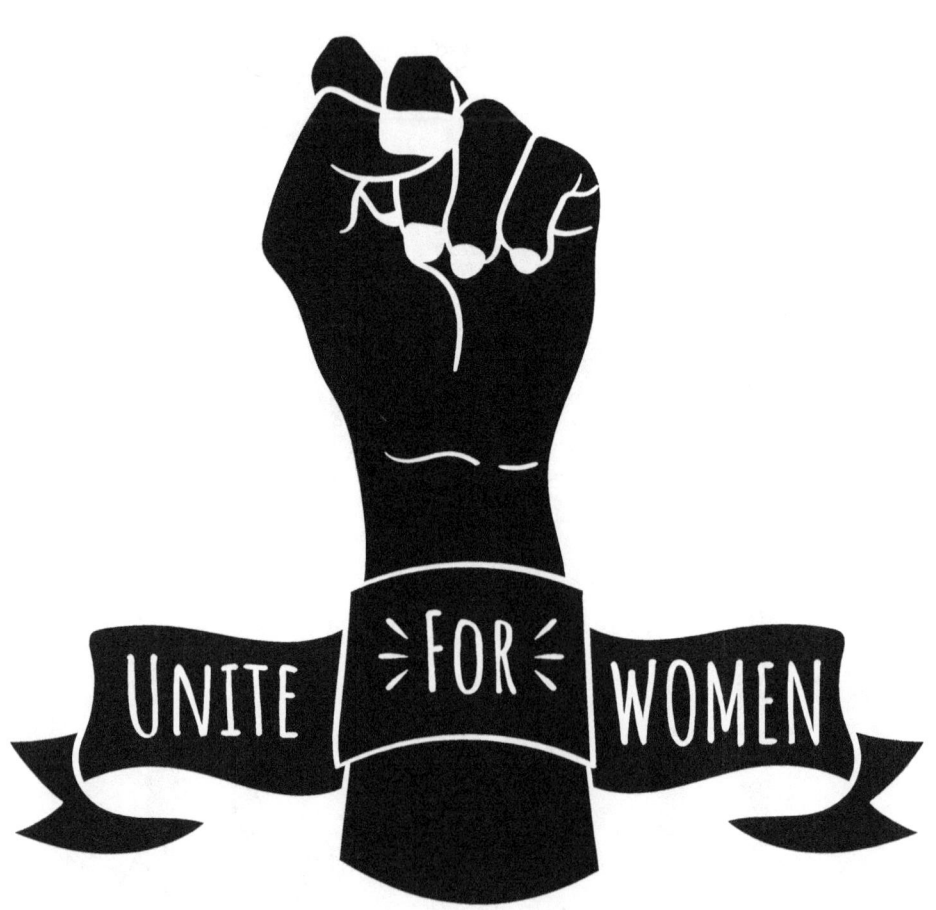

Hell yea Women!

WOMEN for* WOMEN

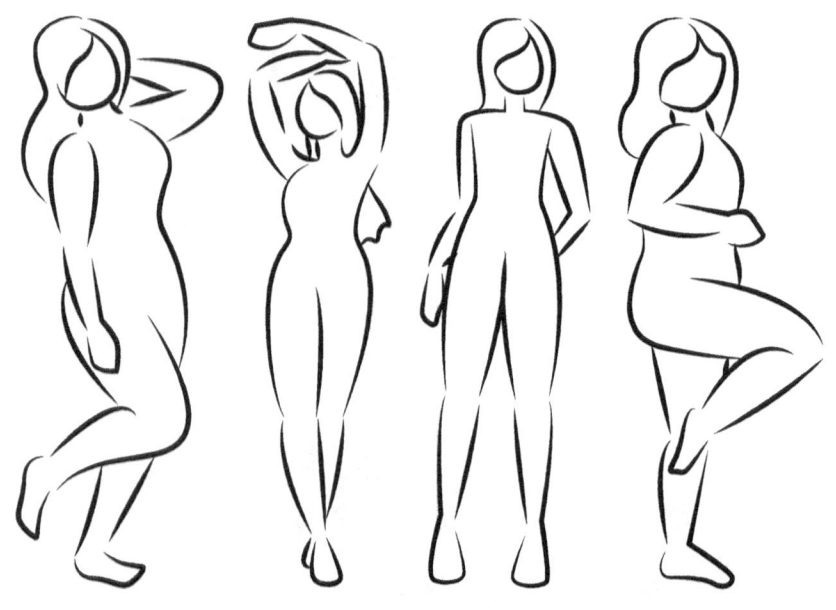

www.ingramcontent.com/pod-product-compliance
Lightning Source LLC
Chambersburg PA
CBHW020622220526

45463CB00006B/2648